中学毒品预防教育手册

《无毒青春 健康未来》编委会 主编

YNK 云南科技出版社

·昆明·

图书在版编目（CIP）数据

无毒青春 健康未来 / 《无毒青春 健康未来》编委
会主编. -- 昆明 ：云南科技出版社，2025. -- ISBN
978-7-5587-6236-9

Ⅰ. D669.8-49

中国国家版本馆 CIP 数据核字第 2025CS1849 号

无毒青春 健康未来
WUDU QINGCHUN JIANKANG WEILAI
《无毒青春 健康未来》编委会 主编

出 版 人：温　翔
责任编辑：屈雨婷　张彦艳
助理编辑：周怡君
封面设计：长策文化
责任校对：秦永红
责任印制：蒋丽芬

书　　号：ISBN 978-7-5587-6236-9
印　　刷：云南出版印刷集团有限责任公司华印分公司
开　　本：787 mm × 1092 mm　1/16
印　　张：6.5
字　　数：150千字
版　　次：2025年5月第1版
印　　次：2025年5月第1次印刷
定　　价：38.00元

出版发行：云南科技出版社
地　　址：昆明市环城西路609号
电　　话：0871-64116586

编委会

目 录

第一章
一些必须知道的毒品知识

随着科技的发展,现阶段毒品问题也表现出了新的特点,如网络涉毒违法犯罪手段不断更新迭代,新精神活性物质不断出现,毒品伪装形式更加隐蔽……这些都使毒品对青少年的危害无处不在,并且防不胜防。要想防止毒品危害青少年,首先要让青少年对毒品有正确的认识。下面就让我们一起来了解一下你可能不知道的毒品知识。

第一节 毒品的定义

一、什么是毒品

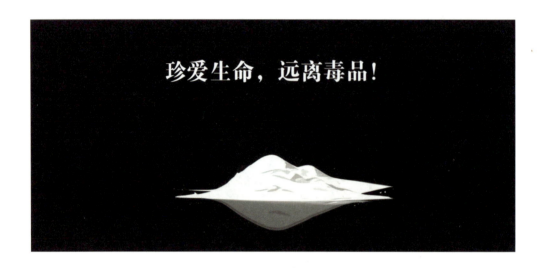

我国在法律上首次正式为"毒品"做出清晰定义，是1990年12月28日通过的《全国人民代表大会常务委员会关于禁毒的决定》，根据当时的情况将"毒品"定义为"鸦片、海洛因、吗啡、大麻、可卡因以及国务院规定管制的其他能够使人形成瘾癖的麻醉药品和精神药品"。1997年修订的《中华人民共和国刑法》对"毒品"进行了更为准确的定义，毒品是指鸦片、海洛因、甲基苯丙胺（冰毒）、吗啡、大麻、可卡因以及国家规定管制的其他能够使人形成瘾癖的麻醉药品和精神药品。2008年颁布实施的《中华人民共和国禁毒法》沿用了上述定义。

简言之，"毒品"就是指出于非医疗目的而被反复连续使用、能够产生依赖性（即成瘾性）的、在国家列管目录里的麻醉药品和精神药品。

二、毒品与成瘾性物质的关系

成瘾性物质是个复杂的社会学概念，一般指的是那些能够使个体产生依赖性，并在停止使用后导致戒断症状的物质。

根据成瘾性物质的法律属性，我们将其分为3大类。

（一）酒精、烟草、电子烟等

个体对这一类物质会产生一定的依赖性，但是其成瘾性和危害性相对较弱，在国家的监管下能够在市场上正常购买及在生活中使用。酒精是一种中枢神经系统抑制剂，长期大量饮酒，包括啤酒、葡萄酒、白酒、威士忌、伏特加等，会导致身体和心理的依赖。尼古丁是烟草中的主要成瘾成分，它能刺激中枢神经系统释放多巴胺等关键神经递质，令人有愉悦感，进而产生依赖性。烟草制品包括香烟、雪茄、烟丝等。电子烟是近年来兴起的新型烟草产品，同样含有尼古丁等成瘾性成分。

（二）处方药

这类物质可以通过医生开具的处方获得，这些处方药中的某些成分，特别是麻精药品成分，具有成瘾性。例如，某些含有精神药品咖啡因的镇痛剂、含有磷酸可待因的镇咳药等。

（三）法律意义上的毒品

法律意义上的毒品一般可分为两部分：一部分指的是国家规定管制的能够使人形成瘾癖的麻醉药品和精神药品，其一般具有双重属性，可用于治疗各种相关疾病，但是一旦被滥用即为毒品，如芬太尼、依托咪酯等。另一部分指的是非药用类麻醉药品和精神药品，这类物质通常指那些未作为药品生产和使用，但具有成瘾性或者成瘾潜力且易被滥用的物质。这类物质往往不具有合法用途，且对人体健康和社会秩序构成严重威胁。大部分非药用类麻醉药品和精神药品都是不法分子为逃避执法打击，对管制毒品进行化学结构修饰得到的毒品类似物，具有类似管制毒品的麻醉、兴奋或致幻作用。它们属于第三代毒品，是继传统毒品、合成毒品之后在全球流通的新型毒品。第三代毒品种类繁多，包括但不限于氯胺酮（"K仔""K粉"）、合成大麻素类、卡西酮类、芬太尼类、苯乙胺类、哌嗪类、色胺类及植物类等。

随着近年来第三代毒品的种类增多，我国实现了药用类和非药用类麻醉药品和精神药品的列管互补、单一列举式管制与类别管制（我国自2019年5月1日起对芬太尼类物质实行管制，自2021年7月1日起对合成大麻素类物质实行管制）相结合的管制方式。

妈妈给孩子吃"聪明药"，不料酿成大祸

某年3月，在很多高三学生家长的微信群里出现了一则售卖"聪明药"的广告，根据卖家的说法，该药能显著提高孩子的专注力，帮助孩子取得好成绩。某位妈妈在微信群看到"聪明药"的广告后，虽然1粒100元，但这位"望子成龙"的妈妈还是毫不犹豫地购买并给孩子服用了"聪明药"。原本一学习就犯困的孩子在服用该药后，突然学习劲头十足，月考成绩也显著提高，这让妈妈觉得"聪明药"非常有效。可没想到的是，这竟是悲剧的开始。原本正常发挥可以考上一所本科院校的孩子却在高考前被送进了戒毒所，和高考彻底无缘了。

实际上，"聪明药"的主要成分是哌醋甲酯，这是一种影响中枢神经系统的兴奋剂。在药效期内，服用者的注意力提升、疲劳感下降，但长时间、大剂量服用会产生成瘾性，一旦停药，就会产生不适感。只有患有相应精神疾病的人，才能在医生的指导下服用该药。

【新闻链接】

2023年,《国家药监局综合司　公安部办公厅　国家邮政局办公室关于进一步加强复方地芬诺酯片等药品管理的通知》(药监综药管〔2023〕13号)发布。内容如下:

近期,我国部分地区出现复方地芬诺酯片、复方曲马多片、氨酚曲马多片以及右美沙芬口服单方制剂、依托咪酯注射剂的滥用问题,且滥用人群以青少年为主,严重危害公众特别是青少年的身心健康和生命安全。为进一步强化监管,严厉打击违法违规行为,有效遏制上述药品滥用和流入非法渠道,保障公众用药安全,根据《中华人民共和国药品管理法》《中华人民共和国禁毒法》《麻醉药品和精神药品管理条例》等法律法规,现将有关事宜通知如下:

一、严格控制药品生产量。药品监管部门审批生产复方地芬诺酯片、复方曲马多片、氨酚曲马多片所需盐酸地芬诺酯原料药、盐酸曲马多原料药需用计划时,应当认真审核申请单位资质证明文件,严格控制计划量,原则上相关企业本年度盐酸地芬诺酯原料药、盐酸曲马多原料药需用计划量不得高于上一年度。对在非法渠道查获数量较大的复方地芬诺酯片、复方曲马多片和氨酚曲马多片的生产企业,适度削减其相应品种需用计划。涉案药品生产企业被公安机关立案侦查的,侦查期间暂停执行该企业相应品种的需用计划。

二、加强药品生产环节监管。药品监管部门要督促药品上市许可持有人、药品生产企业严格按照经核准的药品注册标准和生产工艺进行生产,保证药品生产全过程持续符合法定要求。要加强复方地芬诺酯片、复方曲马多片、氨酚曲马多片生产所需原料药使用和储存的管理,严防流入非法渠道。复方地芬诺酯片、复方曲马多片、氨酚曲马多片等含麻醉药品复方制剂和含精神药品复方制剂不得委托生产。

三、强化药品经营环节监管。药品监管部门要督促药品上市许可持

5

有人、药品批发企业切实落实主体责任，严格审核购买方资质，不得将药品销售至不具备相应资质的企业、机构或个人，严格药品出入库的复核和查验工作，严防发生伪造资质骗购、套购药品行为。要将药品储存、运输过程纳入经营管理范围，保证全过程符合药品经营质量管理规范有关要求。督促药品零售企业严格执行凭处方销售处方药的规定。复方地芬诺酯片、复方曲马多片、氨酚曲马多片、右美沙芬口服单方制剂、依托咪酯注射剂不得在网络上销售。

四、加强寄递渠道查验。邮政管理部门要督促寄递企业严格遵守国家法律法规规定，严格落实"实名收寄、收寄验视、过机安检"制度。对个人交寄的要认真查验药品处方，对单位交寄的要查验药品生产许可证、药品经营许可证、医疗机构执业许可证等证明文件，严防非正当用途的复方地芬诺酯片、复方曲马多片、氨酚曲马多片、右美沙芬口服单方制剂、依托咪酯注射剂等药品通过寄递渠道流通扩散。督促寄递企业加强从业人员的培训和教育，增强责任意识和安全意识。

五、严厉打击违法违规行为。药品监管部门、邮政管理部门要加强药品生产、经营、寄递等环节的监督检查，对监督检查中发现的违反《中华人民共和国药品管理法》《麻醉药品和精神药品管理条例》等法律法规，导致药品流入非法渠道，引发药物滥用或造成危害的，要依法从严从重处理；构成犯罪的，要及时移交公安机关。公安机关对此类案件要始终保持严打高压态势，对属于公安机关管辖的违法线索和涉嫌犯罪案件，要认真开展调查，并及时向相关部门通报涉案企业和药品信息。

6

第二节 毒品的特征

毒品一般具有3大基本属性，即依赖性、危害性和非法性。这也是它的3个基本特征。

一、毒品的依赖性

毒品的依赖性是毒品的根本特征。吸毒成瘾是指在反复使用成瘾性药物的过程中，机体与毒品的相互作用所形成的一种特殊的精神和躯体病态状况，吸毒者会为了获得强烈的精神快感或者为了避免不吸毒产生的戒断症状而采取强迫性觅药行为，该行为即吸毒成瘾的主要表现行为之一。许多吸毒人员在没有经济来源购毒、吸毒时，或因严重的身体戒断反应引起的各种并发症而死，或因痛不欲生而自杀。而且，吸毒成瘾者的人格被扭曲，正常的人生观、世界观、伦理道德观被破坏，对生活和社会缺乏关注、热情和激情，思维变得狭隘和懒散，只想通过吸食毒品来逃避现实。多年的吸毒、戒毒经历以及心理的变异也往往使他们失去亲人、朋友的信任和关爱，难以与他人建立良好的人际关系，造成他们意志力缺乏、对自己毫无自信等问题。

毒品的依赖性可分为精神依赖性和身体依赖性。

（一）精神依赖性

精神依赖性亦称心理依赖性，即吸食者在多次吸毒后心理上会强烈渴求毒品并出现觅药倾向。长期吸毒之后会形成心理依赖，一旦停止吸毒就会出现烦躁不安、兴奋狂妄等症状。这是因为毒品进入人体后，通过中枢神经系统的刺激从而产生一种特殊的欣快感和欢愉舒适的内心体验，促使吸毒者对使用毒品有一种"渴求"的欲望，这种欲望迫使吸毒者不顾一切地去寻求毒品和吸食毒品，以获得心理上的满足并避免精神上的不适。

（二）身体依赖性

身体依赖性又叫生理依赖性，指的是长期使用成瘾性毒品带来的生理上的变化，一旦停止使用毒品就会出现一系列严重的戒断症状。以吸食海洛因为例，最初表现为打呵欠、流泪、流涕、出汗、呕吐、腹痛、腹泻、骨和肌肉酸痛、心慌、烦躁不安等症状。大约36小时后，症状加剧，瞳孔放大，全身感到非常寒冷，打喷嚏、起鸡皮疙瘩和颤抖不止，双脚不受控制地乱蹬，在地上不停翻滚，大小便失禁，时而在身上乱抓，时而用头撞墙，情绪恶劣易激怒，甚至出现攻击行为，这些症状可持续数天。之后，身体极度虚弱，在这一过程中，还可能出现发热、脱水等症状，严重者会引起惊厥、呼吸衰竭，甚至死亡。而成瘾者为了避免戒断反应，必须定时服用毒品来满足身体的需求，并且需要不断加大剂量，终日离不开毒品。产生身体依赖性的时间及严重程度与吸毒者的健康状况、心理特征、吸毒年限、吸毒剂量、吸毒方式及使用频率有关。长时间、大剂量、高频率、通过注射方式吸毒的吸食者，其身体依赖性更显著，戒断症状更突出。

精神依赖

毒品有个共同的特性，就是进入人体后作用于人的脑内与学习记忆有关的神经系统，使吸食者逐渐产生精神依赖（心瘾），进而形成追求使用该药物的行为。

身体依赖

毒品进入人体后，破坏人体正常的平衡，产生在毒品作用下新的平衡状态。一旦停止吸毒，就会感到不适。只有不断地吸入更大剂量的毒品，才能维持这种平衡。

海洛因的成瘾性

　　众所周知，海洛因因其强烈的成瘾性而被称为"毒品之王"。任何人一旦沾染了它，一生都难以摆脱。相关研究数据显示，海洛因吸食者发展到注射后，戒断的成功率不足3%，也就是说97%的注射者会成为其傀儡。

　　曾经的"镇痛神药"是如何变成祸害人间的"魔鬼"，又为什么会有如此大的成瘾性呢？1874年，从罂粟中提取的吗啡是当时最佳的镇痛药物，但是人们发现其有成瘾性。因此，科学家准备通过提炼和改良去除吗啡中的成瘾物质，研制一种非成瘾性的镇痛药。

　　直到1897年，德国化学家费利克斯·霍夫曼将海洛因制成药物。研究发现，其镇痛效果至少比吗啡增强了4～8倍，可显著抑制肺痨病人的严重咳嗽、慢性哮喘和胸痛，稳定患者情绪，且无明显不良反应。

　　上市后，尽管海洛因的药效被"神化"，但不可否认的是，它确实减轻了许多疾病带来的痛苦。与现在不同的是，当时海洛因被用作口服镇痛药物，是可以买到的，患者根据医嘱或说明书按剂量口服。然而，在缓解疼痛的同时，人们也发现它能让人感受到一种飘浮的快感，这种副作用被其镇痛效果掩盖了。

　　当海洛因传入美国后，一些美国人很快就发现了服用海洛因产生的欣快感，为了感觉更舒服，他们开始滥用它。从最初的剂量增加，到后期吸食方式的改变——从口服到烫吸，最后发展成注射，海洛因就这样从一种医疗药物彻底转变为"毒品之王"。

　　海洛因在早期小剂量口服时成瘾性并不大，但与吗啡相比，它更容易通过血脑屏障进入神经中枢发挥作用，因为它具有更强的脂溶性、更快的吸收速度。一旦被滥用，特别是改变吸食方式（注射）后，海洛因的成瘾性比鸦片、吗啡更强烈。

9

　　海洛因成瘾后，让人欲罢不能的主要原因是它会不知不觉地改变你的生理功能。人体中有一种内啡肽物质，具有止痛功能。这是我们的身体与生俱来的一种物质，是内源性（脑下垂体分泌）的类吗啡生化合成物激素，通俗地说，就是人体内的吗啡物质。

　　我们肢体的关节每天都在摩擦，如果我们不分泌内啡肽来缓解疼痛，光是关节摩擦的疼痛就会让我们无法自由活动，更不用说高强度的工作了。可以说，人体之所以可以自由行动，就是因为有了类吗啡肽物质。除了镇痛功能，这些肽类还具有许多其他生理功能，如调节体温、心血管功能和呼吸功能等。

　　海洛因进入体内后，这种外来的类吗啡肽物质会抑制吸食者自身内啡肽的分泌，直到完全停止，最终吸食者只能依靠外来类吗啡肽物质（海洛因）来维持人体的生理活动。

　　因此，吸食者一旦停止吸食这种外来类吗啡肽物质，人的生理机能就会紊乱，浑身疼痛难忍，犹如万蚁噬骨，这就是毒瘾发作的症状。在医学领域，这被称为"反弹"或"戒断症状"。此时，吸食者不得不再次使用毒品才能缓解这些戒断症状，这就是所谓的"成瘾"。

　　看到这里，相信大家已经理解，为什么海洛因会有这么强的成瘾性，这并不是因为它总能让人享受到舒适和快乐，而是一旦不用，就会全身上下没有一处不痛，甚至骨头都疼痛难忍。

　　海洛因毒性最可怕的一点是身体和精神依赖性导致的复吸。云南的一项调查显示，海洛因成瘾者离开戒毒所后三年内的复吸率超过80%。其他统计数字甚至更高，有报道一年内复吸率超过95%。

　　甚至有人说，全国只有个位数的人可以维持五年而不复吸，十年以上没有复吸的情况目前未见报道。复吸有各种各样的原因，包括强烈而持久的精神依赖、黯淡的未来、毒品伙伴引诱、被他人看不起、身体疾病折磨等，其中，精神依赖占60% ~ 80%。

吸毒成瘾者的自述

有一位吸毒成瘾者在回忆自己的吸毒史时说："我在初中的时候就开始到社会上混，打架啊，干坏事啊，挺乱的。这跟我的家庭有点儿关系，我的父母在我很小的时候就离婚了，我一直跟外婆住。2018 年的时候，我跟恋爱 4 年的女朋友分手了，当时心情很不好，每天泡吧、跳舞、混日子。那个时候我也听说过毒品，身边也有不熟悉的人在吸，不过觉得这事跟我没什么关系。就在那段时间，在一个兄弟家里，看见很多人围着吸毒。一个兄弟对我说：'心情不好来口这个，包你舒服。'怎么说呢，当时我就是好奇，还从来没有我'不敢'的事情，他们叫我吸，我要是不吸，面子都没有了。老实讲，第一口我被呛住了，根本没有吸下去，吸完之后就昏昏沉沉地睡过去了，也没觉得有什么舒服。之后他们吸的时候我就主动要求吸，想看看到底有多舒服，这种心态就好像小时候学抽烟一样，明明是呛的，却偏要抽。两次过后我就上瘾了，看着别人吸毒真难受啊，这一秒钟忍住了，下一秒就不一定了，总有忍不住的一天。兄弟免费提供了一段时间后，我就得自己买毒品了。接下来的日子，我每天中午睡醒，就想着去哪里搞点毒品过来。有一次，我妈妈看我这个样子实在是不忍心，就打电话给我的朋友，叫他们带点东西过来。我听到她打电话，自己的眼泪流下来，不是因为瘾上来难受，而是心痛，我知道我让妈妈干了一件她十分不想干的事情。"

另外一位吸毒成瘾者在叙述自己的吸毒史时说：

12

"一次，一位朋友给了我一根含有毒品的香烟，我想这么一根是不会上瘾的，就接过来抽了，当时只感觉到恶心想吐。第二次，我又抽了一根，从此一发不可收拾。没想到这是致命的一口啊！"

花季少女刘某，一向活泼好学，还是学生干部。她知道自己的一位同学吸毒之后非常好奇，从打听同学吸毒后的感受开始，逐渐产生了试一试的想法，最后，也尝试起吸毒来。第一次吸毒后，她的感觉并不好，她在日记中详细地记录了当时的感觉。但第二次、第三次之后，她就再也无法控制自己了。不到一年的时间，她辍学出走，为筹集毒资进了歌舞厅。

抱着"找一下吸毒的感觉""尝尝新鲜""抽着玩玩"等念头，一些青少年认为"我只想知道吸毒是怎么回事""我不信它有那么神""吸一口不要紧"等，在毒品面前放任自己的好奇心，就好比在悬崖边抬脚试探崖底有多深一样危险。实际上，吸毒成瘾的过程是从开始的实验（尝试）使用阶段，到习惯性、经常性使用阶段，再到强迫性使用阶段。吸毒成瘾使吸毒者身不由己，陷入不能自拔的毒品滥用深渊，很难用意志力克服。

📖【知识拓展】 ∙∙∙

吸毒成瘾认定

吸毒成瘾认定，是指公安机关或者其委托的戒毒医疗机构通过对吸毒人员进行人体生物样本检测、收集其吸毒证据或者根据生理、心理、精神的症状、体征等情况，判断其是否成瘾以及是否成瘾严重的工作。吸毒人员同时具备以下情形的，公安机关认定其吸毒成瘾：

（一）经血液、尿液和唾液等人体生物样本检测证明其体内含有毒品成分；

（二）有证据证明其有使用毒品行为；

（三）有戒断症状或者有证据证明吸毒史，包括曾经因使用毒品被公安机关查处、曾经进行自愿戒毒、人体毛发样品检测出毒品成分等情形。

戒断症状的具体情形，参照卫生部制定的《阿片类药物依赖诊断治疗指导原则》和《苯丙胺类药物依赖诊断治疗指导原则》、《氯胺酮依赖诊断治疗指导原则》确定。

14

二、毒品的危害性

毒品的危害性主要表现在个人危害、家庭危害和社会危害3个方面。

（一）个人危害

毒品的精神依赖性与身体依赖性，使吸毒者成为毒品的奴隶，他们生活的唯一目标就是设法获得毒品，为此他们失去工作、生活的兴趣与能力。长期吸毒会导致吸毒者精神萎靡，引起机体的功能失调和组织病理变化，即毒品会在机体内发生毒性作用，对人的神经系统、呼吸系统、消化系统、心血管系统和免疫系统等造成很大的损害。滥用还会发生急性毒性反应，甚至导致死亡。

（二）家庭危害

吸毒者在自我毁灭的同时，也在祸害自己的家庭，导致家庭陷入经济危机、家庭成员间亲情疏远、子女教育受到影响，甚至导致家破人亡。家中只要有一个吸毒者，全家从此永无宁日，妻离子散、家破人亡往往就是吸毒者的结局。

（三）社会危害

首先，毒品危害社会安定，能诱发违法犯罪，包括种植、制造、运输、贩卖、走私和销售毒品等与毒品有关的违法犯罪活动和其他犯罪活动。尤其是因贩毒活动而形成的犯罪集团等，以及由此引发的暴力、凶杀、贿赂和洗钱等犯罪活动，都是最具威胁的社会公害。其次，吸毒危害社会风气。毒品不但是一种恶性消费，阻碍经济正常发展，而且使社会风气败坏。例如，清朝末年，鸦片的大量输入，使中华民族受到列强欺凌，清政府签订了不少丧权辱国的条约，割地赔款，给民族带来无尽的灾难和耻辱。

总而言之，毒品的危害可以概括为"毁灭自己，祸及家庭，危害社会"。

三、毒品的非法性

非法性是毒品的法律特征。毒品包括麻醉药品和精神药品，这两类药品都具有双重性：使用得当，可以缓解病痛，治疗疾病；使用不当或滥用，则使人产生药物依赖性，损害身体健康。因此，为防止滥用这些药品，国家通过颁布法规，对这类药品的制造、运输、销售、使用以及原植物的种植都作了严格规定。凡违反有关法规，出于非医疗、科研目的而制造、运输、贩卖、走私、使用麻醉药品和精神药品的，这些药品即属于毒品；反之，则是药品。

当前，世界各国都将非法种植毒品原植物，生产、运输、贩卖和使用鸦片、海洛因、大麻、可卡因等麻醉药品和精神药品的行为规定为违法行为或犯罪行为。我国也颁布实施了一系列相关禁毒法律法规，如《中华人民共和国禁毒法》于2008年6月1日起施行，全面规范禁毒工作；《中华人民共和国刑法》《中华人民共和国刑事诉讼法》《中华人民共和国治安管理处罚法》《中华人民共和国药品管理法》

4部法律为禁毒刑事执法、行政执法提供依据。《中华人民共和国刑法》中设置了"走私、贩卖、运输、制造毒品罪""非法持有毒品罪"等毒品犯罪罪名。《中华人民共和国治安管理处罚法》对吸毒等违法行为进行了规定。我国厉行禁毒，严厉打击毒品犯罪，根据相关法律规定，只要是毒品犯罪，无论毒品数量多少都要被定罪处罚。国务院先后发布《麻醉药品和精神药品管理条例》《易制毒化学品管理条例》《戒毒条例》，为禁毒行政管理工作提供依据。《娱乐场所管理条例》《拘留所条例》对有关禁毒责任要求作出了明确规定。2015年出台的《非药用类麻醉药品和精神药品列管办法》，以增补目录的形式及时列管易被滥用成瘾的物质。

典型案例

是药品，还是毒品

2018年3月至6月，陈某通过微信联系等方式，在某市酒吧、酒店等处向吕某、张某等人出售毒品氟硝西泮片剂（俗称"蓝精灵"）共计24次，104粒，违法所得4110元。最终，陈某因构成贩卖毒品罪被判处有期徒刑三年，并处罚金5000元。据悉，氟硝西泮最早作为药品用来治疗失眠，但其能使人快速入眠的特点被一些不法分子利用，他们哄骗受害者服用后实施犯罪。

在现实中，毒品和药品有时很难区分。区分的关键在于抓住毒品的3个基本特征，即依赖性、危害性和非法性。本案例中涉及的毒品为氟硝西泮，氟硝西泮被视为毒品正是因为它具备了毒品的3个特征。其中最重要的判断依据是其非法性，即氟硝西泮已被列入《精神药品品种目录（2013版）》进行管理，明令禁止非法使用。因此，本案最终以贩卖毒品罪定罪量刑。若氟硝西泮未被列管，则本案中不能将其视为"毒品"，只能以其他罪名定案。

生日聚会变"毒品狂欢"

2024 年 11 月,某地警方接到举报,称城区某 KTV 有多人聚众狂欢且有人吸毒。警方迅速行动,突击检查该 KTV,当场在一包厢内抓获 19人,并查获疑似吸毒工具。现场尿液检测结果显示,肖某某、黄某某等17 人尿液呈阳性,其中 4 名男子和 4 名女子有涉毒前科。据调查,当晚肖某某、黄某某等人在 KTV 举行生日聚会,在兴奋之际提出"吸粉"助兴,大家一致同意后,有人联系并购买了冰毒、"K 粉"和"开心水"。然而,狂欢尚未结束就被民警"一锅端"了。目前,肖某某、黄某某等17 人已被处以行政拘留。其中,黄某某和 KTV 管理员李某因涉嫌容留他人吸毒被公安机关刑事拘留,涉事 KTV 已停业整改。

青少年容易受到同龄人的影响,也喜欢追求新鲜事物,对自己没接触过、没体验过的物品抱有较强的好奇心,容易受到吸毒人员的蛊惑而接触到毒品。青少年只有认识毒品、了解毒品,净化自己的朋友圈,才能拒绝毒品。

第三节 常见的毒品种类

一、我国管制毒品的品种

我国对毒品的管制采用动态管控机制,即毒品管制品种的多少,随着时间的推移、毒品种类的变化、毒品滥用危害情况,以及客观上需要管制的成瘾性物质和各地区的具体情况而定,并根据实际不断调整。

截至2024年7月,我国已列管509种麻醉药品和精神药品(包括123种麻醉药品、166种精神药品、220种非药用类麻醉药品和精神药品），整类列管芬太尼类物质、合成大麻素类物质，是世界上列管毒品最多、管制最严的国家。

我国列管的非药用类麻醉药品和精神药品情况如下：

2015年10月1日，公安部、国家卫生计生委、食品药品监管总局、国家禁毒办印发《非药用类麻醉药品和精神药品列管办法》，并附表列管116种物质。

2017年3月1日，将卡芬太尼、呋喃芬太尼、丙烯酰芬太尼、戊酰芬太尼四种物质列入《非药用类麻醉药品和精神药品管制品种增补目录》进行管制。

2017年7月1日，将N-甲基-N-（2-二甲氨基环己基）-3,4-二氯苯甲酰胺（U-47700）、1-环己基-4-（1,2-二苯基乙基）哌嗪（MT-45）、4-甲氧基甲基苯丙胺（PMMA）和2-氨基-4-甲基-5-（4-甲基苯基）-4,5-二氢恶唑（4,4'-DMAR）四种物质列入《非药用类麻醉药品和精神药品管制品种增补目录》进行管制。

2018年9月1日，将4-氯乙卡西酮等32种物质列入《非药用类麻醉药品和精神药品管制品种增补目录》进行管制。

2021年7月1日，将合成大麻素类物质和氟胺酮等18种物质列入《非药用类麻醉药品和精神药品管制品种增补目录》进行管制。

2024年7月1日，将溴啡等46种物质列入《非药用类麻醉药品和精神药品管制品种增补目录》进行管制。

二、我国毒品的分类

（一）按属性分类

根据《1961年麻醉品单一公约》和《1971年精神药物公约》，国际上将毒品分为麻醉药品和精神药品两大类。这是目前国际上统一的分类方法，也基本符合药理学的分类原则。

1. 麻醉药品

麻醉药品是指医疗上具有麻醉、镇痛等作用，连续使用后易产生身体和精神依赖性、能形成瘾癖的药品。麻醉药品包括3大类，即阿片类物质（天然与合成）、可卡因类物质和大麻类物质。

（1）阿片类物质

阿片类物质包括阿片（鸦片）、吗啡、可待因、海洛因、美沙酮、羟考酮、氢可酮、哌替啶、二氢埃托啡等。阿片类物质具有镇痛、镇静、镇咳、止泻、致欣快等作用。当前，我国滥用的阿片类物质主要是海洛因。

（2）可卡因类物质

可卡因类物质包括古柯叶、可卡因、克赖克等，由生长于南美洲的灌木古柯树的叶片加工提取而成。此类物质的精神依赖性非常强，耐受性形成迅速，反复使用可引起躯体依赖，但不及阿片类物质强。

（3）大麻类物质

大麻类物质包括大麻烟、玛利华纳、哈希什、大麻脂、大麻油等，均来自大麻植物。大麻烟由大麻植物干燥后直接制成，玛利华纳由大麻茎及叶加工制成，哈希什由大麻雌株顶部的花和部分叶片加工制成。大麻类物质的耐受性和躯体依赖性产生得较慢。

2. 精神药品

精神药品是指能作用于中枢神经系统，并使之兴奋或抑制，连续使用能产生依赖性的药品。精神药品分为3类：中枢神经兴奋剂、中枢神经抑制剂和致幻剂。

（1）中枢神经兴奋剂

中枢神经兴奋剂包括苯丙胺、甲基苯丙胺、匹莫林、哌醋甲酯、3,4-亚甲基二氧甲基苯丙胺（俗称"摇头丸"）、甲卡西酮等。这是一类人工合成的化学物质，具有中枢神经兴奋作用，使用后可引起高度警觉、注意力集中、活动增加、睡眠减少、食欲抑制、心慌和血压升高等。

（2）中枢神经抑制剂

中枢神经抑制剂是指用于镇静、催眠、治疗焦虑、解除肌肉痉挛、控制癫痫发作的一类处方药，即镇静催眠药。此类药物品种众多，可以分为两大类，即巴比妥类和苯二氮䓬类。在我国，此类药物成瘾者大部分是因治疗失眠、戒毒而成瘾的。在吸毒人群中，镇静催眠药滥用和依赖的发生率远远高于一般人群。目前，在社会上被滥用的主要有 γ-羟基丁酸、佐匹克隆、甲喹酮、甲丙氨酯、艾司唑仑等。

（3）致幻剂

致幻剂是一类在不影响意识的前提下改变人的知觉、思维和情感活动的物质，它们是目前国际上被广泛滥用的一类毒品。致幻剂又称幻觉药、迷幻药。由于这类物质具有致幻作用，可使服用者产生与事实不符的，甚至可以称为精神病的感觉，故又被称为拟精神病药或"灵魂出窍"毒品。大部分此类物质没有医学用途，主要包括麦角酰二乙胺、二甲基色胺、苯环己哌啶、麦司卡林、赛洛西宾等。滥用后可产生幻觉、错觉，出现空间定向障碍、情感反应强烈、活动增多、记忆力减退、自我评价受损、被害妄想等现象和冲动伤人行为。

从广义上讲，麻醉药品也属于精神药物，麻醉药品和精神药品统称为精神活性物质。凡是能作用于脑神经细胞并产生精神和行为效应的物质，都可列入精神活性物质的范围，其中许多具有依赖性。

（二）按来源分类

1. 天然毒品

天然毒品来源于天然植物，可直接吸食植物的某一部分，或者提取分离出含量较高的有效毒品成分。常见的天然毒品有鸦片、吗啡、大麻、可卡因等。

（1）罂粟

罂粟是一种制取鸦片的原料，也是世界上毒品的重要来源。它原产于南欧、印度等地，现在在我国也有合法种植，但仅用于有关药物研究或药品制作。罂粟能够通过必要程序制作成鸦片，也能提取制作镇静剂。除用于药物研究或药品制作外，罂粟一律禁种。

罂粟

罂粟属是罂粟目、罂粟科下的一属植物。鸦片罂粟是罂粟科下的一个亚种，多为二年生草本植物，是制取鸦片的主要原料，同时其提取物也是多种镇静剂的来源，如吗啡、蒂巴因、可待因、罂粟碱、那可汀等。

罂粟茎的高度为30~80厘米，具有非常多的分枝，上面有粗糙的细毛。罂粟夏季开花，单生枝顶，花朵五彩缤纷，茎秆挺立，蒴果高高在上。罂粟的果实为球形或椭圆形，种子小而多。

罂粟果实中有浆汁，将未成熟的罂粟果割出一道刀口，果中浆汁渗出，并凝结成黏稠物，这就是生鸦片。鸦片，俗称大烟、烟土、阿芙蓉等，医学名阿片。鸦片是由生物碱、糖、蛋白质、类脂化合物及水等成分组成的，其中生物碱有20多种。不同产地的鸦片受种植地区的海拔、气候条件、土地肥沃程度、树龄、采集时间等因素的影响，其生物碱的含量会有差异。因为用鸦片就可以制成吗啡、海洛因，所以罂粟是一种重要的毒品原植物，这一美丽的植物被称为"恶之花"。

21

鸦片

滥用罂粟壳提味被处罚

某年，民警在工作中发现，来某县务工的吴某在宿舍内煮火锅时，将罂粟壳放进了锅内，吴某尿检结果显示吗啡呈阳性。询问得知，吴某为了让火锅增鲜提味，放了几片从老家带来的罂粟壳。她以为自己在宿舍内煮火锅没人发现，不承想自己食用也属于违法行为。最终，吴某被处以行政处罚。

罂粟壳真能增鲜提味吗？首先，罂粟壳能提味的说法在理论上是站不住脚的。因为大多数罂粟壳本身是没有味道的，有些罂粟壳甚至带有酸涩的苦味，餐饮经营者在火锅中使用罂粟壳，目的主要是让人上瘾。同时，罂粟也有止泻的作用，有些不正规的海鲜店会在加工食物时使用罂粟壳，这样不仅让顾客越吃越上瘾，还能掩盖食用不新鲜食物后腹泻的症状。

火锅里加罂粟壳是违法行为。《中华人民共和国刑法》第一百四十四条规定，在生产、销售的食品中掺入有毒、有害的非食品原料的，或者销售明知掺有有毒、有害的非食品原料的食品的，处五年以下有期徒刑，并处罚金；对人体健康造成严重危害或者有其他严重情节的，处五年以上十年以下有期徒刑，并处罚金；致人死亡或者有其他特别严重情节的，依照本法第一百四十一条的规定处罚。因此，在火锅中加入罂粟壳涉嫌构成生产、销售有毒、有害食品罪。

（2）大麻

大麻为桑科一年生草本植物，雌雄异株，原产于亚洲中部，现遍及全球，有野生和人工栽培的品种。大麻是世界上被广泛滥用的毒品之一。大麻分为毒品型和纤维型两种。通常，毒品大麻是指印度大麻中较矮小、多分枝的变种。

22

大麻

大麻制品

大麻开花时，植株顶部所含的树脂状物质统称为大麻脂类物质，四氢大麻酚（THC）、大麻二酚和大麻酚等都是主要的大麻脂类物质，其中最主要的精神活性成分是THC。一般纤维型的大麻植株内THC的含量小于0.3%，可用于纺织，而毒品型的大麻植株内THC的含量大于0.3%。大麻脂类物质在大麻植株上不同部位的含量不同，在花苞、花、叶、小茎、大茎和根中的含量依次递减，其中花苞里的THC含量可达11.4%。

通常用于吸食的大麻植物是指印度大麻，包括大麻植物的叶和花。大麻植物的花蕊中能产生一种富含液汁且富含大麻素的树脂，采集并干燥的树脂经过加热或压紧可制成黄棕色、褐红色到黑色等颜色各异的大麻脂，可像大麻植物一样被吸食。采用石油醚、乙醇等有机溶剂可以从大麻植物或大麻脂中提取大麻素，并获得深棕色或深绿色的黏稠液体——大麻油。

长期吸食大麻可引起精神及身体变化，如情绪烦躁、判断力和记忆力减退、工作能力下降、妄想、幻觉、对光反应迟钝、言语不清和痴呆、免疫力与抵抗力下降、对时间和距离判断失真、控制平衡能力下降，以及容易造成驾车和操作复杂技术的意外事故等，有时还会发生残暴攻击行为。

23

典型案例

与朋友吸食"大麻油电子烟"，男子被刑拘

郑某从国外留学回来后，一直和父母做日用品生意。除了平时喜欢到酒吧玩，郑某在家人眼中就是一个乖巧孝顺的孩子。在酒吧，因为一

支特殊的电子烟，郑某深受朋友们的追捧，特别是蒋某。蒋某在酒吧玩时经朋友介绍认识了郑某，因为"大麻油电子烟"的助兴，蒋某和郑某很快成了"铁哥们儿"。

郑某看"电子烟"这么受欢迎，便又联系了在国外的同学，让其帮忙邮寄添加了大麻油的电子烟两支，并将其中一支卖给了蒋某。由于吸食人员众多，一来二去，电子烟的大麻油很快用完了。

蒋某听去过泰国旅游的朋友说当地有大麻叶卖，于是心动了。2019年3月，蒋某特意和朋友一起去泰国旅游，专门买回大麻叶将其切碎，裹进香烟中，并在酒店吸食。回国时，蒋某还将未吸食的两包掺杂了大麻叶的香烟放在行李箱中托运了回来。旅游回来的蒋某，又多次约郑某、陈某、黄某等一起到酒吧吸食。

2019年5月，该地公安局根据群众举报，抓获了犯罪嫌疑人郑某、蒋某，现场查获电子烟2支（内含大麻油），大麻卷烟10根。并通过对郑某、蒋某的审查，一举抓获参与吸毒的违法嫌疑人陈某、黄某等8人。郑某、蒋某因走私、运输、贩卖毒品罪被警方刑事拘留，陈某、黄某等8人也因吸毒被依法行政拘留。

郑重提醒：我国刑法规定，大麻属于毒品，在我国吸食毒品属于违法行为。大麻作为毒品会使人上瘾，更重要的是会伤害人们的身体。吸食大麻过量会产生幻觉、错觉，让人意识不清，甚至出现自杀等行为。

（3）古柯

古柯原产于南美洲高山地区，是一种生命力顽强的植物。古柯叶味较涩，微苦，是一种兴奋剂和强壮剂，能够解除疲劳，具有强烈的成瘾性。古柯的吸食者会出现情绪高涨、警觉性提高、精力旺盛等中毒症状，严重者可能出现戒断综合征，甚至出现自杀行为。

古柯

从古柯叶中提取出的古柯碱主要用于制造毒品可卡因。古柯碱（可卡因）是从古柯树叶中分离出来的一种最主要的生物碱，属于中枢神经兴奋剂，其盐类呈白色晶体状，无气味，味略苦而麻，易溶于水和酒精，兴奋作用强，也是一种局部麻醉剂。

吸食可卡因可产生很强的精神依赖性，长期吸食可导致精神障碍，即可卡因精神病。吸食可卡因易产生触幻觉与嗅幻觉，最典型的是皮下虫行蚁走感，奇痒难忍，易导致吸食者严重抓伤，甚至自残断肢。吸食者大多情绪不稳定，容易引发暴力或攻击行为。

📖【知识拓展】

古柯叶咀嚼历史

事实上，一片小小的古柯叶其实是一种毒品原植物。古柯是一种灌木，树皮呈褐色，树叶茂密，叶片长 3 ~ 7 厘米，长椭圆形，边缘光滑，形状和味道都类似茶叶，所以很容易和茶叶混淆。

南美洲人咀嚼古柯叶的历史可以追溯到公元前 2500 年，对于他们而言，这种植物有着神奇的作用，所以他们在宗教仪式和医疗中一般都会使用古柯叶。后来，从古柯叶中提取的古柯碱的用量急速增加，古柯碱不断出现在药物、酒精里，这并不是什么好事。众所周知，古柯叶中的古柯碱和可卡因影响着人的中枢神经，不光是药品，更是提神剂，更多的时候会使犯罪率上升。1961 年，古柯叶被联合国列入麻醉品管制清单。现在在一些国家旅行时，携带古柯叶不但是非法的，而且很可能会有牢狱之灾。

2. 半合成毒品

半合成毒品是指先从天然植物中提取出有效成分，再进一步合成而得的毒品。海洛因是典型的半合成毒品，由罂粟提取物吗啡合成。甲基苯丙胺也是典型的半合成毒品，可用麻黄草提取麻黄碱，再用化学合成方法加工制成。

3. 合成毒品

合成毒品是以化学物品为原料，经化学合成方法加工而成的毒品。常见的合成毒品有苯丙胺类兴奋剂、人工合成阿片类（杜冷丁、美沙酮、芬太尼等）、致幻剂类（苯环己哌啶、氯胺酮等）、中枢神经抑制剂（巴比妥类、苯二氮䓬类等）。

（三）按药理作用分类

1. 麻醉剂

麻醉剂是指在医疗上具有麻醉、镇痛等作用，连续使用后易产生身体和精神依赖性，并能形成瘾癖的药品。常见的麻醉剂有吗啡、可待因、杜冷丁、美沙酮、芬太尼、大麻、可卡因等。

2. 兴奋剂

兴奋剂是指对中枢神经系统呈现兴奋效应并可致依赖性的药物。常见的兴奋剂有古柯类、苯丙胺类、咖啡因等。

3. 致幻剂

致幻剂是指在不影响意识和记忆的情况下，能改变人的知觉、思维和情感活动的药物。常见的致幻剂有麦角酸二乙酰胺、麦司卡林、氯胺酮等。

4. 抑制剂

抑制剂是指对中枢神经系统呈现抑制效应，并且可致依赖性的药物。常见的抑制剂主要有巴比妥类、苯二氮䓬类等。

（四）按毒品流行时间分类

按毒品流行时间来分，毒品可分为三代。

1. 第一代毒品（传统毒品）

主要包括鸦片、海洛因、大麻等从罂粟、大麻等毒品原植物中提取而来的毒品。

2. 第二代毒品（合成毒品）

主要包括冰毒、摇头丸、麻古等人工化学合成的毒品。

3. 第三代毒品

可以看作第一代、第二代毒品的衍生物。大部分的第三代毒品都是不法分子为了逃避法律打击，对管制毒品进行化学结构修饰得到的与原毒品结构相似的类似物，但这种毒品类似物的毒性可能更强，甚至比第一代毒品的毒性更强，如"蓝精灵""开心水""咔哇潮饮""跳跳糖"等。

麻古（冰毒片剂，常含咖啡因）

"开心水"（可能含有甲基苯丙胺、氯胺酮、苯丙胺等，成分不尽相同）

摇头丸

"咔哇潮饮" "神仙水"

27

"小树枝"

○○○○○○
典型案例

贩卖毒品电子烟属于毒品犯罪行为

2023 年 11 月，被告人杨某在某短视频 App 上发布毒品电子烟照片与微信号，未成年人谭某某看见后添加杨某为微信好友。11 月 7 日，谭某某联系杨某要求购买毒品电子烟，双方在线上约定交易价格、地点。当日 13 时许，杨某在约定地点向谭某某出售 2 枚毒品电子烟弹，交易完成后即被民警抓获。民警在谭某某身上起获 2 枚毒品电子烟弹，净重合计 2.48 克。经检验，2 枚毒品电子烟弹中均检出依托咪酯成分。该区人民法院一审认为，被告人杨某违反国家毒品管制法规，贩卖毒品依托咪酯，其行为已构成贩卖毒品罪。未成年人谭某某吸食依托咪酯电子烟的行为属于吸毒，违反了《中华人民共和国治安管理处罚法》。

依托咪酯是一种医用麻醉药品。2023 年 9 月 11 日，国家药品监督管理局网站发布公告，将依托咪酯（在中国境内批准上市的含依托咪酯的药品制剂除外）列入第二类精神药品目录，自 2023 年 10 月 1 日起施行。

【知识拓展】

"上头电子烟"为什么"上头"

近年来，电子烟作为香烟的替代品，因其口味多变与携带便利，备受年轻群体的青睐。含有毒品的电子烟中除添加依托咪酯、美托咪酯等合成毒品外，还有一部分添加有合成大麻素等新精神活性物质，被称为"上头电子烟"。"上头电子烟"中的合成大麻素类似于天然大麻素，直接将合成大麻素加入烟油内，即可吸食。在外观及摄入方式上，与普通电子烟相似，不易被察觉，具有很强的迷惑性。

为什么会"上头"？据有关研究，合成大麻素的精神活性更强、危害性更大。它的精神活性强于四氢大麻酚，有的品种甚至强上百倍，具有很强的成瘾性与危害性。吸食后会产生眩晕感，说话语无伦次、吐字不清，还会出现焦虑、烦躁、失眠等症状，严重者还会出现幻觉，甚至妄想别人会加害自己。"上头电子烟"比大麻更具有成瘾性，对身体的危害也更大。

如何远离"上头电子烟"

"上头电子烟"危害大、迷惑性强，我们应提高认识、学会甄别，方能避免"入坑"。

一、提高认识

认识到吸"上头电子烟"就是吸毒，后果极其严重，千万别被花言巧语蒙骗。

二、学会"五看"分辨法

1. 看成分

"上头电子烟"的主要成分是合成大麻素。

2. 看外观

合成大麻素烟油一般为无色、黄色至褐色的黏稠液体。

3. 看渠道

国家禁止线上售卖电子烟，而通过线上方式（尤其是微商）售卖的可能是大麻电子烟。

4. 看场合

警惕网吧、KTV、夜店等娱乐场所"好心人"的推荐。

5. 看语言

小心"上头""飞行""嗨飞"之类的涉毒黑话。

2021年5月，国家禁毒委员会办公室通报，我国将于2021年7月1日起正式整类列管合成大麻素类新精神活性物质，并新增列管氟胺酮等18种新精神活性物质。我国成为全球第一个对合成大麻素类物质整类列管的国家。

第四节 其他可能被滥用的成瘾性物质

目前，我国仍然存在多种具有滥用风险的成瘾性物质，这些物质虽没有作为毒品进行列管，但长期滥用也会导致慢性中毒，损害中枢神经系统、心血管系统及器官功能，还会诱发严重精神症状，如偏执、焦虑、被害妄想，甚至精神错乱，导致自残或暴力行为。联合国毒品和犯罪办公室（UNODC）将"未被联合国《1961年麻醉品单一公约》和《1971年精神药物公约》所管制，但存在滥用、可能对公共健康产生危害的单一或混合物质"定义为新精神活性物质（NPS）。沿用该定义，我们可以了解到，NPS滥用问题在我国多个地区已有所显现，特别是在年轻人中。这些物质往往以更加隐蔽和不易察觉的方式流通，如"上头电子烟""笑气"等,对社会公众,尤其是青少年具有极大诱惑力。目前,有相当一部分新精神活性物质处于没有被管理的状态,即使查处到这些能够使人形成瘾癖和滥用并对人体有危害性的物质,也无法按照毒品的法律法规对其进行处罚。

拿"笑气"来说,"笑气"在医疗领域的用途之一就是作为一种吸入性气体麻醉剂,常用于全身麻醉的快速诱导、牙科镇痛、产科无痛分娩等。"笑气"在食品领域的应用是在食品加工过程中可以起到起泡、防腐保鲜等作用,主要应用于蛋糕、咖啡制品的奶油推进剂、发泡剂的生产。另外,"笑气"在航天、化工和电子工业等领域也有诸多应用。

又如Rush,Rush是多种亚硝酸酯的代称。Rush中的亚硝酸异戊酯被发现吸入后会导致面部和颈部皮肤发红,由于其具有扩张血管的作用,1867年首次被用于治疗心绞痛。

再如丁烷,作为一种易燃气体,常被用作燃料,在日常生活中非常常见。另外,丁烷在工业中的应用也非常广泛,可以用于制造塑料、有机溶剂和油漆溶剂,以及作为燃料和冷冻剂。

这些未被列管的新精神活性物质在工作、生活中有着诸多应用,一旦被列管会影响这些物质在医疗、科学研究等领域的正常使用,影响相关领域的发展。例如,在没有完全确定"笑气"等新精神活性物质的成瘾性和毒性的情况下,一旦将其列入管制目录,会给此类新精神活性物质的相关产业带来重大变革,影响该类物质在某些产业领域的正向作用的发挥。

公安机关在工作中发现了一个令人忧心的现象:有些青少年为追求刺激,私自从市场和互联网购买打火机气体罐(便携卡式炉气罐),并在密闭空间内聚集吸食。这种行为不仅极度危险,而且严重危害青少年的身心健康。

近年来,未成年人吸食打火机气体的事件屡禁不止,他们吸食气罐内的丁烷气体,以寻求快速麻醉,获得爽快感。丁烷是有毒气体,大量吸入后可能产生急性中毒,表现为头晕、头痛、兴奋或嗜睡、恶心呕吐等;严重者可能会突然晕厥、尿失禁、意识丧失、呼吸停止;长期吸食会造成慢性损伤,出现头痛头晕、睡眠不佳、易疲劳、情绪不稳及自主神经功能紊乱等症状;还可引发不可逆的脑损伤,影响记忆力、注意力和思维能力,使人的认知功能严重下降。

31

除此之外，丁烷是一种易燃易爆气体，在空气中的浓度达到1.9%～8.5%时就会发生爆炸，可能是自发爆炸，也可能是由明火引起的爆炸。丁烷气体罐如果存放不当造成泄漏，或是环境温度升高、遇到明火等，极易发生爆炸。室内是一个比较封闭的空间，一旦发生爆炸，很容易造成呼吸道烧伤及全身大面积烧伤。

需要特别强调的是，新精神活性物质的成瘾性极强。一旦陷入其中，想要摆脱该物质控制极为困难。青少年对其危害认识不足，轻易去尝试，便会陷入的深渊。家长们要让孩子们深刻理解错误使用打火机和其他易燃物品的严重后果，避免孩子因为年少无知而误入歧途，遭受毒害。

打火机气体罐被列为危险化学品，尽管它不算毒品，但它的危害性却比一般毒品更大。青少年们，不要轻易地去挑战自己的自制力，因为你远没有你想象的坚强。如遇到有人吸食打火机气体、兜售打火机气体罐，一定要及时远离，自觉抵制。

典型案例

吸食打火机气体很危险

2024年6月3日，某派出所民警接到辖区群众报警，在某小区楼道内看到两名未成年人疑似在吸食打火机气体。接警后，该派出所民警迅速到达现场，发现两名未成年人正在吸食打火机气体。为了教育引导未成年人健康成长，民警将两名正在吸食打火机气体的未成年人带回派出所，并第一时间联系了他们的家长。

在家长的全程陪同下，两名未成年人如实陈述了吸食打火机气体的过程。随后，民警严肃地向他们讲明了吸食打火机气体的巨大危害，并且依据相关法律法规对他们进行了严厉的训诫。在民警的耐心教育和郑重告诫下，他们保证今后绝对不再吸食打火机气体，并认真地写下了保证书。同时，民警诚恳地要求家长严格监管孩子的行为。

【知识拓展】

"笑气"是什么

　　"笑气"，学名一氧化二氮，是一种无色、有甜味的气体，具有轻微麻醉作用。"笑气"在临床上用作吸入性麻醉药，能够让人感到轻松、快乐，甚至出现幻觉。"笑气"的危害虽然比不上其他毒品，但长期或大剂量滥用，会影响维生素B_{12}的吸收及代谢，造成恶性贫血，导致末梢神经及脊髓病变，使吸食者出现手脚麻木、无力等症状，还可能造成精神异常，如嗜睡、抑郁或精神错乱等，症状严重时甚至会危及生命。近几年，"笑气"逐渐以"打气球""奶油气弹"等形式出现，吸食者用喷枪把"笑气"装进气球，再塞入口中吸食。"笑气"的滥用造成了一系列社会问题，损害人们的身心健康。

Rush 是什么

　　Rush 英文全名 Rush Popper，它的主要成分是亚硝酸盐。亚硝酸盐的作用是令全身平滑肌放松，因为血管也被平滑肌包裹，所以使用这个药物会令血管扩张。Rush 的使用方法很简单，打开瓶盖，通过鼻孔将挥发出来的气味吸入体内。Rush 散发的气味似汽油味，吸入体内使人产生强烈的幸福、眩晕感，心跳加速，渴望被抚摸。由此可以看出，Rush 与一些麻醉致幻类毒品（或药物）的药效类似。由于 Rush 的药效时间短，很容易造成过量摄入，引发窒息，心律失常，心血管抑制，肝肾毒性，高铁血红蛋白血症，神经功能失调，黏膜、肺、皮肤和面部皮炎等不良反应。长期使用会导致心脏问题，严重时有可能导致使用者猝死，也有一些人在兴奋中误吞 Rush，导致因严重的急性并发症而死亡。与 Rush 直接接触，会造成皮肤脱皮、干裂等后果，可见其毒性之大。

第二章
一种难以承受的
生命之痛

大家已经清楚了毒品的种类，那么毒品具有怎样的危害呢？让我们一起来了解一下吧！

第一节　个人之痛

危害性是毒品的属性之一。毒品成瘾后对个人、家庭、社会有着巨大的危害。毒品的危害可以概括为"毁灭自己、祸及家庭、危害社会"。《2024年世界毒品报告》显示，2022年全球吸毒人数增至2.92亿，10年间增长20%，其中15至64岁人群的占5.6%。毒品正日益严重地威胁着人类的健康，破坏世界经济的正常运行秩序，吸毒、贩毒已成为全球性公害。

一、毒品对个人的危害性

（一）直接损伤身体

毒品对人体的各个系统都会造成损伤，影响人的正常生理功能。

1.神经系统

毒品会直接作用于大脑，导致神经系统紊乱。长期吸食毒品会引发大脑萎缩、记忆力减退、反应迟钝、精神失常、癫痫发作等后果。例如，长期吸食冰毒可使大脑功能严重受损，出现幻觉、妄想等精神症状。

2.心血管系统

所有毒品最终都会经过血液循环，对心血管造成损伤，导致心跳加快、血压升高，增加心脏负担，容易引发高血压、心律失常、心肌梗死等心血管疾病。

　　冰毒等兴奋剂会造成血管收缩、心悸、心律失常、心绞痛、血压升高、心肌细胞断裂、蛛网膜破裂等。大麻会导致眼结膜血管扩张、结膜充血，出现"红眼"症状。可卡因能够增加血液黏度，促进血栓形成，引起动脉粥样硬化、闭塞性冠状动脉痉挛等。

　　3.呼吸系统

　　吸毒者常常以吸烟方式摄入毒品，毒品对呼吸系统影响较大，会引起呼吸道黏膜充血、水肿，继而引起肺气肿。吸毒者容易患慢性支气管炎、肺炎、肺癌等疾病。

　　大麻会引发慢性支气管炎，出现咳嗽、多痰、喘息等症状。海洛因是一种抑制型毒品，会导致肺栓塞、支气管炎、呼吸困难。冰毒、可卡因会引发肺炎、肺出血、肺水肿等疾病。通过鼻吸方式使用毒品，如可卡因，还会刺破鼻黏膜，导致鼻腔炎症。毒品中不溶于水的成分，如淀粉、滑石粉会损害呼吸系统，引起肺栓塞。

　　4.消化系统

　　吸毒会影响消化道功能，引起食欲下降、腹胀、腹泻、腹痛，甚至营养不良。毒品还会抑制胆和胃消化腺体分泌，从而影响食物的消化和吸收。

　　使用吗啡、海洛因等阿片类药物时，会抑制胃肠蠕动，出现厌食、恶心呕吐、便秘等症状。停止吸食后，胃肠蠕动异常加快，会出现腹痛、腹泻、脱水等戒断症状。吸食海洛因、可卡因、"K粉"、摇头丸导致的肝脏疾病常见的是急、慢性肝炎，严重的甚至会发展为肝硬化。

　　5.免疫系统

　　毒品会降低身体免疫力，使人更易患上各种传染病，如甲肝、乙肝、肺结核等。静脉注射毒品也是传播肝炎、艾滋病等疾病的常见途径。静脉注射毒品者共用不洁注射器造成的感染率极高，对他们来说，这是极其危险的。

　　6.生殖系统

　　毒品会影响生殖系统的正常功能，降低生育能力，甚至导致胎儿畸形。女性吸毒者可能出现月经失调、闭经等症状；男性吸毒者会出现性功能障碍、性欲减退等症状；孕妇则可能出现早产、流产、死胎、胎儿毒品依赖等情况。

7.泌尿系统

毒品中的有害成分通过肾脏代谢，会加重肾脏负担，导致肾功能衰竭，以及出现肾炎、尿路结石、膀胱病变等问题。代表性的毒品如氯胺酮，也称作"K粉"，滥用者会出现严重的尿路感染，主要表现为尿频、尿急、尿痛、排尿困难等，其他症状包括夜尿增多、急迫性尿失禁等，严重者可出现血尿以及憋尿时耻骨上膀胱区疼痛等症状。

8.内分泌系统

毒品可能干扰人体的内分泌系统，导致激素分泌紊乱，进而引发一系列健康问题，如糖尿病等（虽然这一影响相对复杂且不一定直接，但长期吸毒确实可能对人体内分泌系统产生不良影响）。

（二）自伤自残

毒瘾发作时，那种千方百计地寻求毒品的急迫感，可以说是"生无可恋，唯求一吸"，他们愿意为此付出一切代价，甚至犯罪、出卖肉体等。求之不得时，为了缓解身心感受到的无尽痛苦，不少吸毒者宁可用自残来缓解，甚至用自杀来结束这难熬的折磨。吸食毒品时，人还会产生幻觉、妄想，在不自知的情况下自伤自残。被责令强制隔离戒毒的吸毒人员，为了逃避强戒，也会通过吞异物等方法自伤自残。

37

000000
典型案例

女子因好奇而吸毒导致自残

2014年6月，28岁的女子李某和朋友周某一起到王某家做客。"我有个'药'特别好，感觉很爽，还可以减肥，你们想不想试试？"3人一合计，决定一起"尝尝"。第一次吸毒，李某和周某感觉又难受又刺激，提出"再来一次"。当晚，3人再次吸毒，一直到次日凌晨。第二天，李某回到家中没多久便出现幻觉，她疯狂地拿起剪刀自残。家人见状夺过剪刀，将其送往医院治疗，并向公安机关报案。据李某回忆，当时自已恍惚中"看到"胸口有只青蛙，她很恐惧，想把青蛙挖出来，于是把剪刀对准了自己的身体。经查，李某等人吸食的是冰毒。公安机关依法对李某和周某处以15日行政拘留，王某被处以20日行政拘留。后经司法鉴定所鉴定，李某的伤情为十级伤残。

男子吸毒，以吞食金属异物来逃避打击

2021年，某公安局城区分局民警采取强有力举措，经过几天的蹲守，将有盗窃前科的吸毒人员张某抓获。经查，嫌疑人张某为筹措毒资，多次实施盗窃被公安机关处理，却屡屡通过吞食金属异物的方式逃避打击。经过市局、分局与强戒所多次沟通协调，最终，嫌疑人张某被送至强戒所执行强制隔离戒毒。

（三）心理扭曲

吸毒成瘾者的人格被扭曲，正常的人生观、世界观、伦理道德观被破坏，对生活和社会缺乏关注和热情，思维变得狭隘和懒散，只想通过吸食毒品来逃避现

实。多年的吸毒、戒毒经历以及心理变化也往往使他们失去亲人、朋友的信任和关爱，难以与他人建立良好的人际关系，导致他们缺乏意志力、毫无自信。

　　吸毒者毒瘾发作时，会丧失自尊，无法进行正常的生活、学习和工作，往往以自我为中心、不关心他人、贪图享受、好逸恶劳、爱撒谎、丧失责任感、六亲不认、只认毒品和金钱。毒品严重危害人体的生理机能、中枢神经，使用毒品容易引发精神问题，如产生幻觉、妄想等精神症状，不仅可能导致自杀，还可能伤害他人。

典型案例

男子吸毒出现幻觉，当街杀害父母

　　2010 年 5 月 22 日，男子文某因吸食冰毒过量产生幻觉，与女友蔡某发生纠纷，并殴打了蔡某。当他年迈的父母听到消息赶来劝阻时，他竟然在众目睽睽之下将自己的亲生父母当街砍死。一个曾经幸福的家庭，却因为毒品的侵蚀，从此支离破碎。毒瘾会毁灭一切理性和人性，当清醒过来时，一切都已追悔莫及。

第二节　家庭之痛

　　家庭的稳定和谐不仅是幸福生活的基础，也是整个社会安定团结的基础。一个家庭中，只要有一个瘾君子，整个家庭的和谐与安宁就会被打破，幸福就会消失，甚至会酿成家庭悲剧。吸毒的高额支出，一般家庭难以承受，即使是原本富裕的家庭，也维持不了多久就会债台高筑，瘾君子靠变卖家产换取毒品，致使家徒四壁，有的甚至导致家破人亡。

一"吸"毁所有，幸福破灭

戒毒人员王某曾是某高校的研究生，由于学习成绩优异，毕业后在某知名培训机构担任教师。王某在工作中结识了他的妻子，婚后两人育有一子，可以说是家庭和睦、生活美满。可惜好景不长，在一次酒局中，王某结识了一个不良朋友，通过这个"朋友"接触到毒品，而王某并没有抵制住诱惑，从此走上了吸毒的道路。最终，王某在一次酒店聚众吸毒时被公安民警当场抓获。在进行尿检后，毒品检测结果显示甲基苯丙胺呈阳性。王某对自己的吸毒行为供认不讳。他痛哭流涕，希望办案民警不要将此事告知妻儿，他怕妻子会因此离他而去，也怕儿子在学校里受人非议。为了不影响他的家庭，工作人员选择暂不将此事告知他的妻儿。现在的王某眼窝深陷、面黄肌瘦，颓废落魄的样子已看不到一丁点儿知识分子的影子。

后来，王某的妻子还是知道了这件事，对他失望至极，但念在他能悔过自新，决定再给他一次机会。然而，他们的生活再也回不到从前了。王某因为有吸毒史，找工作时四处碰壁，最后只能靠打零工维持生计。可见毒品害人至深，原本美满富足的一个家庭就这样变得捉襟见肘。因此，我们要远离毒品，这不仅是对自己负责，更是对家庭、对社会负责。

"一人吸毒，全家遭殃"，一旦吸毒成瘾，吸毒者往往失去理智，人格扭曲，无法正常生活和工作。吸毒者通常忽略家人，即使父母和孩子痛哭，也无法打动他们麻木的心，这是毒品对家庭造成的最大危害。毒品让吸毒者的心变得冰冷，让他们感觉自己就像一个没有爱、没有亲情，甚至没有情感的机器人。只要有人给他钱买毒品，他什么都不在乎。毒品让许多人失去了希望，许多家庭也因此而破碎。请远离毒品！

中学生正处于身心迅速发育的时期。他们充满热情，富有朝气，但价值观还没有完全形成。据调查，吸毒的中学生多数都缺乏良好的家庭教育，有的则是直接受家长的影响而染上毒瘾。他们的父母，有的整天忙于挣钱，根本顾不上孩子的教育；有的则对孩子娇生惯养，纵容孩子的不良习惯；还有的更是吃喝嫖赌，染上毒瘾，毁了自己，毁了家庭，也毁了孩子。

典型案例

交友不慎，花季少女变"瘾君子"

小张（化名）刚满16岁便因吸毒成瘾被送入强制隔离戒毒所，她第一次接触毒品时竟然还不到12岁。面对失去自由的日子，她的眼中充满了泪水……因父母离异缺乏管教，小张小学毕业后就辍学了，结交了一些社会青年，在他们的影响下开始吸毒。"我在街上看见父亲和一个陌生女人在一起，我认为是因为那个女人，父亲才不要我的，我很生气，就冲进好友的房间一阵痛哭，之后便学着朋友吸食依托咪酯电子烟的样子尝试了毒品。"随着时间的推移，小张吸毒的开销越来越大，她的妈妈觉得亏欠了她，只要小张提出要求，妈妈都尽可能满足。于是，小张更加肆无忌惮，以各种理由找母亲要钱，心情不好就靠毒品来解压。

2022年6月，因吸食依托咪酯电子烟过量，小张意识模糊，用摔碎的啤酒瓶碎片自残以寻求刺激，结果用力过猛，在手腕上划出了一道又深又长的伤口。医生告诉她，如果再晚一点送医，她很可能因为失血过多而死亡。然而，小张并未意识到毒品的危害，事后仍然依靠毒品麻醉自己，几乎每天都吸毒。有一次吸食毒品过量，晕倒在厕所里。

2023年4月，15岁的小张和朋友在宾馆吸毒被民警抓获。小张说："那是我第一次被抓，觉得根本无所谓，大不了待几天，出去后还是可以吸毒。"2024年，小张再次被公安机关抓获。这一次，她被送进了女子强制隔离戒毒所。当戒毒所大门关上的那一刻，小张才意识到自己真的错了。经体检得知自己因吸食毒品已患多种疾病后，小张的情绪十分低落。在戒毒民警的耐心劝导下，小张深刻认识到了吸食新型毒品的危害。她开始积极参加"十步脱瘾法"训练班，并对自己的生活重新进行了规划，表示不会再碰毒品，不会再和所谓的"朋友"接触。希望小张能迷途知返，早日走出毒品阴霾，重新获得自己的灿烂人生。

第三节　社会之痛

吸毒不仅严重摧残人体健康、破坏家庭幸福，而且危害国家安全和社会稳定，更严重危害社会发展。

一、引发犯罪

由于吸毒耗资巨大，吸毒者在耗尽个人和家庭的钱财后，往往会铤而走险，不惜采取非法手段攫取钱财，走上抢劫、盗窃、诈骗、贪污、卖淫，甚至杀人的违法犯罪道路，给社会治安造成严重危害。所以说，吸毒是诱发犯罪、危害社会治安的一个重要因素。

为筹毒资，少年走上犯罪之路

　　因为家庭条件差，兄弟又多，小强（化名）只上到小学五年级就辍学打工了。后来认识了几个社会上的哥们儿，跟着他们开始吸毒。由于认识到吸毒的危害，他便离开家乡，来到某地重新生活。小强说，他找了一份工作，并认识了几个"好哥们儿"，但没想到自己又一次被拉下了水。因为之前就有毒瘾，经不住诱惑的他很快又开始吸毒。每个月挣的 1000 多元钱，不到两天就全部用来吸毒了。后来，在朋友的"引导"下，小强开始入室盗窃，偷来的东西交给朋友换取毒品，一天至少要花掉 700 元。打工赚的钱远远不能满足他的吸毒开支，这是他盗窃的主要原因。一天深夜，小强来到某村，爬窗入户盗窃了价值近万元的黄金首饰。一周后，小强又伙同他人窜至其他村，入户盗窃价值 8000 多元的黄金佛、黄金手链和玉佛等。小强将赃物交给朋友，让他想办法弄到毒品。后来，正在吸毒的小强被警方抓获。随后，小强因盗窃他人财物价值 17500 元，构成盗窃罪被判入狱一年。

43

二、败坏社会风气

吸毒者失去正常人应有的道德观念、伦理准则和是非标准，自私、冷漠、精神空虚、人格低下，毫无自我约束能力，沉溺于毒品感官刺激之中。另外，吸毒者被毒品所困扰，无意从事生产劳动，不能创造社会财富，有的吸毒者为支付高昂的吸毒费用，引诱、教唆、欺骗他人吸毒及强迫容留他人吸毒，以达到其"以贩养吸"的目的，导致新吸毒人数上升。一些女性吸毒者在丧失了劳动能力，耗尽家庭的钱财之后，仍不能控制强烈的觅毒欲望，为赚取毒资沦为失足妇女，败坏了社会风气。

三、传播疾病

吸毒会引发一些公共卫生问题，如性病、艾滋病的传播。使用兴奋型毒品，如冰毒，滥用者喜欢群吸，在毒品的兴奋作用下会有不安全的性行为，易导致疾病的传播。有些女性吸毒人员为筹集毒资沦为失足妇女，也会导致疾病的传播。除了艾滋病之外，吸毒者共用针具还容易感染肝炎等其他血液传播疾病。

四、损耗社会财富

44

吸毒不仅不会创造任何积极意义上的社会财富，反而会严重消耗社会财富，是一种恶性消费行为。

众所周知，毒品给中华民族的发展带来了巨大的危害。19世纪二三十年代，西方列强首先用鸦片打开了中国的大门。1800年，英国输往我国的鸦片为4750箱，到1838年则超过4万多箱。鸦片的大量涌入对当时的中国社会造成了极其严重的危害。1834—1839年，中国每年因鸦片而流失400余万两白银，耗尽了清政府的白银资源，造成了严重的金融危机，严重影响了中华民族工商业的发展。1839年，烟民数量大约在200万~400万，鸦片所造成的毒害严重削弱了中国的社会生产力和军事战斗力。

　　毒品消耗人类的财富，每年世界上有数千亿美元因毒品而化为乌有。毒品给我们国家造成的损失相当惊人，中国每年因毒品造成的直接经济损失达5000亿元。有专家估计，如果每个吸毒者每年消耗约100克海洛因，即每天消耗约0.3克海洛因，则全国每年消耗海洛因约250吨（掺兑后）。以最保守的价格来估算，每年吸食海洛因消耗的金额高达675亿元。目前，大规模滥用摇头丸及其他麻醉药品和精神药品的交易成本无法计算，更不用说毒品问题导致的其他违法犯罪案件造成的经济损失，以及对社会的其他严重危害。可以说，吸毒是个人的深渊、家庭的不幸、社会的毒瘤、人类的大敌。毒品不绝，人类无宁日。

第三章

一条不能触碰的
法律底线

通过前两章内容，我们知道了毒品的种类及其特征和危害，那么我们国家与毒品有关的法律法规有哪些呢？法律是我们永远不能触碰的底线，下面我们就一起来学习吧！

第一节　什么是涉毒违法犯罪

典型案例

毒贩利用在校学生运输毒品

　　在校大学生张某因经济窘迫，在网上贴吧浏览快速赚钱贴并加了一个QQ号。经联系对方得知，快速赚钱的方式是给他人取藏有毒品的快递并送到指定地点来赚取高额报酬。2020年8月11日，张某通过QQ接受毒品卖家安排，从A市出发，乘高铁、飞机、汽车辗转前往B市。次日，张某按毒品卖家指示前往B市邮政局取了一个从C市发往B市的快递，张某携带该快递与毒品买家接头时被公安机关抓获，公安机关在该快递中查获毒品吗啡1000.99克。

　　上述案例中，张某的行为应当怎样看待呢？张某的行为是否触犯了法律？究竟是违法行为还是犯罪行为呢？中级人民法院经审理认为，被告人张某为获取非法利益，违反国家对毒品的管制规定，帮助他人运输毒品吗啡1000.99克，数量大，其行为已构成运输毒品罪。遂以被告人张某犯运输毒品罪，判处有期徒刑十五年，并处没收个人财产人民币十万元。宣判后，被告人张某不服，提出上诉。高级人民法院裁定驳回上诉，维持原判。

一、涉毒违法行为的概念

　　违法行为是指违反现行法律，给社会造成某种危害的、存在过错的行为。违法行为的内涵和外延在不同国家、不同语境中有所不同。在我国，违法行为需要作广义和狭义的区分，广义的违法是指一切违反现行法律规定的行为，包括一般违法行为和犯罪；狭义的违法指违反了法律但还不构成犯罪的行为。因此，当我

47

们听到有人说"某某违法了"，需要对这个违法概念是广义的还是狭义的进行判断，一般情况下用狭义的违法概念进行理解，说明这个人触犯了法律，但程度相对并不严重，如触犯了《中华人民共和国治安管理处罚法》或者违反了《麻醉药品和精神药品管理条例》，但没有触犯《中华人民共和国刑法》；当我们听到有人说"某某犯罪了"，可以判断出这个行为对社会的危害性已经非常大了，需要承担的法律处罚也会更重。

涉毒违法行为是众多违法行为中的一类，特指违反了我国禁毒法律法规，需要受到法律制裁的行为。因此，判断一个涉毒行为是不是涉毒违法行为，就需要了解我国禁毒法律法规的规定，同时要了解《中华人民共和国刑法》对于毒品犯罪的规定。比如吸毒行为，它违反了《中华人民共和国禁毒法》《中华人民共和国治安管理处罚法》，但吸毒行为又不在《中华人民共和国刑法》的规制范围内，我国刑法并没有设置"吸毒罪"这样的罪名，因此它是一个典型的涉毒违法行为。由于我国禁毒行政法律法规数量较多，涉毒违法行为也较多，常见的涉毒违法行为除吸食、注射毒品之外，还有向他人提供毒品，教唆、引诱、欺骗他人吸食、注射毒品，娱乐业等相关从业人员在公安机关查处吸毒活动时为违法犯罪行为人通风报信，少量种植毒品原植物，少量携带未经灭活的毒品原植物种子，少量持有毒品等。

48

二、毒品犯罪行为的概念

典型案例

利用、教唆未成年人贩卖毒品

黄某彬，男，1980年5月12日出生，无业。2021年10月底起，黄某彬劝说苏某万及未成年人黄某超、李某佳帮其贩卖海洛因。黄某彬将海洛因统一存放在其租住处，有时由黄某彬联系好吸毒人员，再安排黄某超、李某佳、苏某万其中一人进行毒品交易；有时在黄某彬的授意下，由吸毒人员直接联系黄某超、李某佳、苏某万进行毒品交易。2021 年 12 月至 2022 年 1 月，共贩卖海洛因 10 次，共计 4.09 克。每次完成交易后，黄某超等 3 人根据黄某彬的要求，将毒资放在黄某彬租住处或直接通过支付软件转账给黄某彬，黄某彬则给予黄某超等 3 人好处费。2022 年 1 月 9 日，公安机关在黄某彬租住处查获海洛因 3 小包，共计 6.5 克。

这个案例中被黄某彬利用的黄某超、李某佳、苏某万 3 人的行为应当怎么看待呢？他们的行为是否触犯了法律？是违法行为还是犯罪行为呢？法院认为，被告人黄某彬违反国家毒品管理规定，明知是毒品仍伙同他人贩卖，其行为已构成贩卖毒品罪。黄某彬利用未成年人贩卖毒品，社会影响恶劣，且系毒品再犯，应依法从重处罚。据此，依法对被告人黄某彬以贩卖毒品罪判处有期徒刑十二年六个月，并处罚金人民币四万元。该案是一起利用、教唆未成年人贩卖毒品的典型案例。被告人黄某彬指使未成年人黄某超、李某佳交接毒品、收取毒资，将两名未成年人引入歧途。未成年人心智不够成熟，社会阅历尚浅，法律意识不强，分辨是非的能力较弱，容易被不法分子利用、教唆、控制参与毒品犯罪，沦为毒品犯罪的"工具人"，其身心健康亦受到严重伤害。本案中黄某彬应依法从重处罚。人民法院根据黄某彬犯罪的事实、性质、情节和对于社会的危害程度，对其从重惩处，突出了对毒品犯罪的打击重点，亦体现了对未成年人的特殊保护。

毒品犯罪行为违反了我国禁毒法律法规，应当受到刑法处罚。所有的毒品犯罪行为在《中华人民共和国刑法》中都有明确的规定，用明确的罪名定罪。若刑法中没有将某一行为认定为犯罪，则该行为就不具备刑事处罚的条件。目前，我国刑法中关于毒品犯罪的罪名如下：

走私、贩卖、运输、制造毒品罪；

非法持有毒品罪；

包庇毒品犯罪分子罪；

窝藏、转移、隐瞒毒品、毒赃罪；

非法生产、买卖、运输制毒物品、

走私制毒物品罪；

49

非法种植毒品原植物罪；

非法买卖、运输、携带、持有毒品原植物种子、幼苗罪；

引诱、教唆、欺骗他人吸毒罪；

强迫他人吸毒罪；

容留他人吸毒罪；

非法提供麻醉药品、精神药品罪；

妨害兴奋剂管理罪。

【知识拓展】

国际禁毒的相关规定和中国的禁毒法

国际社会关注毒品问题并以国际法的形式规定毒品犯罪内容是从20世纪初开始的，在各国对待毒品问题逐步形成共识的背景下，禁毒国际公约的形成进一步促进了有志禁毒的各个国家国内法律的变化。1909年召开了由13个国家的代表参加的万国禁烟会议，讨论鸦片的国际管理问题。该会议是对麻醉药品实行国际管制的开始，随后形成了一系列国际禁毒公约。1912年，在荷兰的海牙签订了第一个国际禁毒公约，即《国际鸦片公约》。它以国际法的形式建立了麻醉药品管制的国际合作。之后，陆续召开了多次国际会议，制定出一系列管制麻醉药品与精神药物的国际公约。当前各国执行的有3个国际公约，即《1961年麻醉品单一公约》《1971年精神药物公约》《联合国禁止非法贩运麻醉药品和精神药物公约》，中国政府在20世纪80年代加入了这3个公约。国际禁毒公约禁止非法生产、贩运和滥用麻醉药品与精神药物，确保受管制的药物仅用于医疗和科研。依照国际条约，国际社会将毒品犯罪的行为方式逐步纳入法律规范中。在国际禁毒立法中，不仅确定了毒品犯罪是故意实施的一种违反关于管制麻醉药品和精神药物国际规定的行为，而且明确规定了毒品犯罪的行为方式，主要有非法制造毒品，非法提供毒品，贩卖毒品，贩运毒品，走私毒品，种植毒品原植物，非法持有毒品，非法购买毒品，制造、运输、分销制毒设备、物质，组织、管理或资助以上各毒品犯罪，转换或转让毒品犯罪非法所得财产，隐瞒或掩饰毒品犯罪非法所得财产，非法获取、占有或使用毒品犯罪财产，非法持有制毒设备、物质，教唆贩毒，鼓励、引诱他人非法使用毒品，参与进行、合伙或共谋进行、进行未遂以及帮助、教唆、便利和参谋进行以上任何犯罪的行为。

2008年6月1日《中华人民共和国禁毒法》颁布实施以来，国际、国内毒情形势发生了许多变化。为应对日益严峻的毒情形势，中国禁毒法律体系不断完善、发展，与禁毒相关的配套法规不断出台，已经形成了依据宪法，内容主要分布于行政法、刑法、诉讼与非诉讼程序法等不同部门法，符合中国国情，具有中国特色的禁毒法律体系。

三、毒品犯罪与涉毒违法行为的区别

毒品犯罪与涉毒违法行为之间既有区别又有联系，上文中提到的常见涉毒违法行为和部分毒品犯罪罪名有一些相同之处。涉毒违法行为的范围更广，其违反的是行政法规，而毒品犯罪行为不仅仅是违反了行政法规，还应当受到刑事处罚。区分这两种行为除看其违反的法律之外，还要判断其社会危害性。从涉毒违法行为到毒品犯罪行为，通常是因为涉及毒品数量的增加（非法持有少量毒品是违法行为，但持有数量超过刑法规定的数量，如持有海洛因、甲基苯丙胺10克以上就认定为非法持有毒品罪）、涉毒次数增加或是社会危害性加大。部分行为因为其社会危害性极其严重，一旦实施即为犯罪行为，如走私、贩卖、运输、制造毒品的行为，严重破坏了国家对于麻醉药品和精神药品的管制制度，给社会稳定和人民群众安居乐业带来了极大的威胁，所以无论涉及毒品数量多少，都认定为犯罪。青少年要知法懂法，了解自己的权利和义务，对于法律必须存有敬畏之心，否则就很容易触碰法律的底线，甚至走向犯罪的深渊。

毒品是从哪里来的

《2023年中国毒情形势报告》显示，毒品主要来自境外，少量来自国内制毒渠道。2023年，境外毒品渗透入境数量陡增，缴获境外毒品20.5吨，同比上升84.7%，占年缴毒总量的79.2%。中国国内制毒活动虽有抬头之势，但规模较小、产量较少，在毒品消费市场所占份额持续下降。

一、境外毒品渗透情况

阿片类毒品和冰毒主要来自"金三角"地区。全年缴获冰毒晶体和片剂14.4吨、海洛因1.6吨、鸦片1.4吨，同比分别上升58.1%、21.3%和21.6%。其中，来自"金三角"地区的分别为12.3吨、1.5吨、1.4吨，同比分别上升46.4%、16.6%和24.3%。缴获来自墨西哥冰毒0.8吨，同比上升24倍，另有少量冰毒和海洛因来自一些欧美国家。

氯胺酮和可卡因走私入境数量较多。全年缴获南美地区可卡因2.6吨，同比上升13.5倍；缴获氯胺酮0.7吨，同比下降43.4%，大部分来自东南亚泰国湾海域方向。

境外输入大麻多来自泰国。全年破获境外大麻走私入境案件78起，缴获大麻120.1千克。其中，源自泰国的大麻案件30起，缴获大麻105.3千克。

少量麻精药品和新精神活性物质通过国际邮包渗透入境。

二、国内毒品来源情况

局部制毒活动有抬头之势。2023年共有27个省份发现制毒活动，破获制毒案件210起，同比上升7.7%，缴获冰毒等合成毒品622千克，同比下降5.2%，窝点偏远隐蔽、分段加工合成是当前制毒活动的主要特征。

制毒物品流失得到持续遏制。通过深入开展"除根"行动，全面加大制毒物品管控查缉力度，全年破获制毒物品犯罪案件274起，同比下降4.5%，缴获各类易制毒化学品(含向特定国家出口管制化学品)938.5吨，同比上升42.2%，制毒物品被查缉堵截数量增多，流入制毒渠道持续减少。

第二节　涉毒违法行为及其后果

一、常见涉毒违法行为及其处罚

涉毒违法行为违反了禁毒法律法规中的行政法，其处罚主要依据的是《中华人民共和国行政处罚法》《中华人民共和国禁毒法》《中华人民共和国治安管理处罚法》等法律或者禁毒行政法规中对于违法行为法律责任的具体规定。作为普通公民，接受行政处罚的年龄界限为年满14周岁，不满14周岁不予处罚，但需要责令其监护人严加管教。涉毒违法行为根据其严重程度和社会危害性将会受到不同形式的处罚，包括警告、罚款、没收违法所得或没收非法财物、责令停产停业、暂扣或吊销许可证或执照、行政拘留等。其中行政拘留剥夺了违法行为人的人身自由，是最为严重的行政处罚。

（一）涉及毒品原植物的违法行为

《中华人民共和国治安管理处罚法》规定，有下列行为之一的，处十日以上十五日以下拘留，可以并处三千元以下罚款；情节较轻的，处五日以下拘留或者五百元以下罚款：

（一）非法种植罂粟不满五百株或者其他少量毒品原植物的；

（二）非法买卖、运输、携带、持有少量未经灭活的罂粟等毒品原植物种子或者幼苗的；

（三）非法运输、买卖、储存、使用少量罂粟壳的。

有前款第一项行为，在成熟前自行铲除的，不予处罚。

非法种植毒品原植物的行为是违法行为，即使只种植一株罂粟也是违法的，无论是为了食用、药用还是观赏，个人都不能种植毒品原植物。目前，零星种植的情况通常发生在农村或城市郊区，通过对行为人的教育和处罚，此类违法行为已经逐步减少，但仍需引起重视。

（二）涉及毒品的违法行为

《中华人民共和国治安管理处罚法》规定，有下列行为之一的，处十日以上十五日以下拘留，可以并处二千元以下罚款；情节较轻的，处五日以下拘留或者五百元以下罚款：

（一）非法持有鸦片不满二百克、海洛因或者甲基苯丙胺不满十克或者其他少量毒品的；

（二）向他人提供毒品的；

（三）吸食、注射毒品的；

（四）胁迫、欺骗医务人员开具麻醉药品、精神药品的。

教唆、引诱、欺骗他人吸食、注射毒品的，处十日以上十五日以下拘留，并处五百元以上二千元以下罚款。

旅馆业、饮食服务业、文化娱乐业、出租汽车业等单位的人员，在公安机关查处吸毒、赌博、卖淫、嫖娼活动时，为违法犯罪行为人通风报信的，处十日以上十五日以下拘留。

为最大限度地提高公安机关主动发现吸毒人员的能力，最大限度地把隐性吸毒人员纳入管控视线，公安机关对于重点违法犯罪嫌疑人必须进行吸毒检测，以防止大量隐性吸毒人员活跃于社会，给社会治安稳定带来极大的隐患。重点排查以下七类涉嫌吸毒的违法犯罪嫌疑人员：涉毒违法犯罪前科人员、涉毒违法犯罪嫌疑人员；盗窃、抢劫、抢夺、敲诈勒索违法犯罪嫌疑人员；涉黄涉赌违法犯罪嫌疑人员；寻衅滋事、聚众斗殴违法犯罪嫌疑人员；故意杀人、故意伤害致人重伤或者死亡、强奸、抢劫、绑架、放火、爆炸、投毒等犯罪嫌疑人员；危险驾驶、交通肇事犯罪嫌疑人员；群众举报吸毒或者公安机关认为有吸毒检测必要的其他人员。开展重点违法犯罪嫌疑人吸毒检测工作，是公安机关发现和排查吸毒人员的重要手段，对于预防毒品犯罪活动、减少毒品危害具有重要意义。

（三）其他涉毒违法行为

除上述常见的涉毒违法行为，《中华人民共和国禁毒法》《戒毒条例》《麻醉药品和精神药品管理条例》《易制毒化学品管理条例》《娱乐场所管理条例》

等法律法规中也有很多对涉毒违法行为的处罚规定。

1.《麻醉药品和精神药品管理条例》对涉毒违法行为的处罚

毒品，是指鸦片、海洛因、甲基苯丙胺（冰毒）、吗啡、大麻、可卡因，以及国家规定管制的其他能够使人形成瘾癖的麻醉药品和精神药品。麻醉药品和精神药品对于医疗、科研、教学等有重要的用途，特别是在医疗方面，它们在手术或精神疾病的治疗中使用较为普遍。因此，国家对于麻醉药品和精神药品的管控目的是确保其合法使用，杜绝滥用。2005年11月1日开始施行的《麻醉药品和精神药品管理条例》对麻醉药品和精神药品的实验研究、生产、经营、使用、储存、运输、进口、出口以及麻醉药品药用原植物种植活动中，违反法律规定，致使麻醉药品和精神药品或者麻醉药品药用原植物流入非法渠道，尚不构成犯罪的涉毒违法行为的处罚措施作出了规定。

2.《易制毒化学品管理条例》对涉毒违法行为的处罚

易制毒化学品是毒品生产所需的主要原料和配剂，虽然这些化学品会被不法分子利用加工成毒品，但它们的合法用途也非常广泛，确保其在合法领域内的使用，可以促进经济发展，服务于人民。易制毒化学品的生产、经营、购买、运输、进出口活动都受到国家严格的管控，若行为人违反《易制毒化学品管理条例》，致使易制毒化学品流入非法渠道，尚不构成犯罪的，依照该条例给予行政处罚。

3.《娱乐场所管理条例》对涉毒违法行为的处罚

娱乐场所是涉毒高风险场所，因此该条例对涉毒违法行为以及毒品预防措施有明确的规定。例如，娱乐场所不按规定在场所大厅、包间内显著位置悬挂含有禁毒内容的宣传标志的，必须改正并给予警告。娱乐场所的从业人员吸食、注射毒品的，该娱乐场所将被停业整顿3~6个月，情节严重的对直接责任人员处一万元以上两万元以下的罚款。由此可见，禁毒法不但对吸毒行为进行处罚，而且对于纵容、助长滥用毒品的个人或单位也进行处罚，对监管部门执法不力的行为也规定了相应的行政处罚，目的就是努力营造良好的法治环境。

【知识拓展】 ···································

远离娱乐场所就可以远离毒品吗

答案是否定的。目前毒品滥用场所更加隐蔽，公安机关在KTV、酒吧等公共娱乐场所查获的吸毒人员数量越来越少，利用网络平台在线吸毒的案例增多。《2023年中国毒情形势报告》显示，网络贩毒手段更加隐蔽。全年共破获互联网贩毒案件3098起，同比上升14%。网络技术的发展不断催生新的勾连方式、交易模式和支付手段。对于传播涉毒信息的不良网站或平台，青少年要第一时间意识到这是涉毒违法犯罪活动，及时退出或关闭相关信息，并向公安机关报告，协助公安机关和网络监管部门净化网络空间。

二、预防为主，避免涉毒违法行为发生

000000
典型案例

禁毒工作人人有责

2022年，一名货车司机在高速休息站发现一株疑似大麻的植物，因其儿子在学校被科普过不同毒品原植物的形态和危害，他拍照询问儿子后，儿子确认就是大麻，货车司机迅速报警。这则新闻使这对父子迅速成为"网红"，这个案例也是学校毒品预防教育的成功范例。

禁毒是全社会的责任，毒品问题并非离我们很遥远，如路边的一株大麻，经过繁殖后可能会引起较大的社会危害。禁毒工作需要不同年龄段、各行各业的人

共同努力，用我们敏锐的双眼和负责任的态度创造无毒的健康生活。在这个案例中，这对父子的行为获得了大家高度认可和一致点赞。你认为做到这点，让更多的人参与到禁毒工作中，需要具备哪些条件？

　　青少年处在人生观、世界观的形成时期，这一时期学习法律知识对于崇尚公平正义、规范自身行为、形成积极向上的生活态度有很大的帮助。面对学习压力和各类生活矛盾时，积极向上的态度会帮助青少年作出正确的选择，找到合理合法释放压力的方式。《中华人民共和国禁毒法》《中华人民共和国未成年人保护法》《中华人民共和国预防未成年人犯罪法》等法律法规对于预防青少年违法犯罪、远离毒品危害作了较详细的规定。大量青少年违法犯罪案例的研究显示，青少年成长过程中不良习惯的养成，甚至是不良行为的出现，是把青少年推向违法犯罪的无形推手。因此，在校学生要有意识地预防不良行为的出现，如吸烟、饮酒、旷课、逃学，无故夜不归宿，离家出走，沉迷网络，与社会上具有不良习性的人交往，组织或者参加实施不良行为的团伙，进入未成年人不宜进入的场所，参加赌博或变相赌博，参加封建迷信活动，观看淫秽、色情、暴力等不良影视作品。不良行为会影响青少年的正常生活，使青少年暴露在可能接触到毒品的高风险环境中。对违法行为的处罚固然是一种维护社会秩序的方式，但我们要将更多的精力投入对违法行为的预防上。"预防为主"是我国禁毒工作的首要方针，既需要青少年个人的努力，也需要家庭、学校和社会的共同关心。

57

【知识拓展】

是否所有的违法行为都要受到处罚

　　答案是否定的。依据《中华人民共和国行政处罚法》第三十二条规定，当事人有下列情形之一的，应当从轻或者减轻行政处罚：

　　（一）主动消除或者减轻违法行为危害后果的；

　　（二）受他人胁迫或者诱骗实施违法行为的；

　　（三）主动供述行政机关尚未掌握的违法行为的；

（四）配合行政机关查处违法行为有立功表现的；

（五）法律、法规、规章规定其他应当从轻或者减轻行政处罚的。

第三十三条规定，违法行为轻微并及时纠正，没有造成危害后果的，不予行政处罚。初次违法且危害后果轻微并及时改正的，可以不予行政处罚。

依据《中华人民共和国禁毒法》第六十二条规定，吸食、注射毒品的，依法给予治安管理处罚。吸毒人员主动到公安机关登记或者到有资质的医疗机构接受戒毒治疗的，不予处罚。

依据《中华人民共和国治安管理处罚法》第七十一条规定，有下列行为之一的，处十日以上十五日以下拘留，可以并处三千元以下罚款；情节较轻的，处五日以下拘留或者五百元以下罚款：

（一）非法种植罂粟不满五百株或者其他少量毒品原植物的；

（二）非法买卖、运输、携带、持有少量未经灭活的罂粟等毒品原植物种子或者幼苗的；

（三）非法运输、买卖、储存、使用少量罂粟壳的。

有前款第一项行为，在成熟前自行铲除的，不予处罚。

可见违法行为人及时意识到自己行为的错误并主动消除或者减轻违法行为危害后果的是可以减轻处罚，甚至不予处罚的。每一位公民都需要提升法治意识，提高识毒、防毒、拒毒的能力，从而有效地避免自己、家人或朋友涉毒。如果发现家人或朋友出现涉毒行为，可以善意地提醒其及时止损，向公安机关说明情况，不要为了逃避处罚而错上加错。

第三节 毒品犯罪行为及其后果

一、毒品犯罪行为及处罚

《2023年中国毒情形势报告》显示，2023年，全国共破获毒品犯罪案件4.2万起，抓获犯罪嫌疑人6.5万名，缴获毒品25.9吨，同比分别上升12.6%、21%和18%。截至2023年底，全国现有吸毒人员89.6万名，同比下降20.3%；戒断三年未发现复吸人员407.8万人，同比上升7.6%。全年共查处吸毒人员19.5万人次，同比下降1.1%。中国禁毒斗争面临的外部环境更加复杂。面对毒情形势出现的各种变化，严厉打击毒品犯罪始终是我国的禁毒刑事政策。上文提及的走私、贩卖、运输、制造毒品罪等涉毒罪名分别打击毒品原植物种植、加工制造、流通、消费等各个环节，同时为保证司法活动的权威性，刑法还将严重干扰、影响司法机关正常禁毒工作的行为列入处罚范围。在各类涉毒罪名中，走私、贩卖、运输、制造毒品罪在毒品案件审判中适用率较高。不法分子既追求毒品犯罪的暴利，又想逃避法律的追究，往往利用青少年、怀孕妇女、哺乳期妇女、残障人士等弱势群体充当运毒工具。若没有法律意识，妄想不劳而获，就容易成为毒贩的帮凶。

我国刑法对毒品犯罪的处罚方式较多，包括主刑（管制、拘役、有期徒刑、无期徒刑、死刑）和附加刑（罚金、剥夺政治权利、没收财产）。为了体现"罪责相适应"的原则，对毒品犯罪的刑罚处罚大部分都设置了多个量刑幅度，如引诱、教唆、欺骗他人吸毒、注射毒品的，处三年以下有期徒刑、拘役或者管制，并处罚金；情节严重的，处三年以上七年以下有期徒刑，并处罚金。情节严重与否依据最高人民法院、最高人民检察院、公安部多年来陆续制定的司法解释和案件的具体情节确定。

59

打击毒品违法犯罪活动应当由哪些部门负责

《中华人民共和国禁毒法》规定，禁毒工作实行政府统一领导，有关部门各负其责，社会广泛参与的工作机制。因此，打击惩处涉毒违法犯罪活动是由各级政府统一领导的。国务院设立国家禁毒委员会，负责组织、协调、指导全国的禁毒工作。国家禁毒委员会成员单位较多，包括公安机关、检察机关、法院等。

公安机关在禁毒工作中的职责：准确掌握毒品违法犯罪动态，研究制定防范、打击对策；组织领导和实施毒品违法犯罪案件的侦查调查工作；开展毒品预防宣传、禁吸戒毒、禁种铲毒工作；对吸毒人员进行检测、登记，实行动态管理，依法责令吸毒成瘾人员接受社区戒毒、社区康复或采取强制隔离戒毒措施；负责麻醉药品、精神药品安全管理和易制毒化学品管制等工作；协调本地区国际禁毒警务合作，承担政府禁毒委员会办公室职能。

人民检察院在禁毒工作中的职责：对毒品犯罪案件的检察、批准逮捕；对于涉及毒品犯罪的职务犯罪，检察机关直接受理案件的侦查、提起公诉。

法院在禁毒工作中的职责：承担毒品案件的审判工作，与公安机关、检察院等相关单位配合制定相关司法解释。

司法部在禁毒工作中的职责：将禁毒法治宣传教育纳入普法教育规划并组织实施；对社区戒毒和社区康复提供指导和协助，对社区戒毒和社区康复人员开展法治宣传教育并提供司法援助；加强对涉毒违法犯罪人员的教育改造和开展必要的戒毒治疗，努力减少其重新违法犯罪；向同级禁毒委员会办公室报告强制隔离戒毒场所及各类监所内吸毒人员的情况，配合公安机关开展吸毒人员检测、登记工作。

《中华人民共和国刑法》规定，已满16周岁的人犯罪，应当负刑事责任。一般毒品犯罪的刑事责任主体是年满16周岁的自然人，但贩卖毒品罪的刑事责任年龄规定较为特殊，责任主体为年满14周岁的自然人，即年满14周岁的青少年参与贩卖毒品就必须承担相应的刑罚处罚了，可见贩卖毒品的行为对社会的危害性极大。贩毒分子为牟利不断扩大毒品消费群体，导致更多的人成为"瘾君子"，为此《中华人民共和国刑法》对贩卖毒品的行为从严处罚，努力遏制毒品的蔓延。同时，《中华人民共和国刑法》规定单位也可以成为毒品犯罪的主体，如违反国家规定，非法生产、买卖、运输醋酸酐、乙醚、三氯甲烷或者其他用于制造毒品的原料、配剂，情节较重的，构成非法生产、买卖、运输制毒物品罪，单位犯此罪的，对单位判处罚金，并对其直接负责的主管和其他直接责任人员依照刑法规定处罚。

典型案例

减肥药变"毒"药，服用后身体不适

张某，17岁，高二女生，在网上看到一则"XX瘦瘦"减肥药广告，轻信了广告效果并隐瞒父母偷偷购买。张某在收到减肥药丸后虽然发现没有药品批准文号，也没有成分说明，但渴望苗条身材的她还是服用了。最初几天，张某发现自己没有食欲，兴奋度高，体重有所下降，因此感到非常高兴。后期，张某出现恶心、心悸、失眠、脱发等症状后才察觉减肥药丸可能对身体不好，停药后又出现健忘、肌肉抽搐等症状。后经医疗机构鉴定，张某服用的减肥药丸中含有苯丙胺等成分，会对人体的脑细胞、肝脏造成严重损伤。张某立即报警，警方通过网上侦查，打掉了一个跨省网上贩毒团伙。主

61

犯金某伙同王某等 5 人在网上以销售减肥药为名售卖国家列管精神药品。金某被判处死刑缓期 2 年执行，其余 4 人被判处 3～15 年不等有期徒刑。犯罪团伙交代了买家的 ID 和账户，警方顺藤摸瓜找到了购买"XX 瘦瘦"的消费者。经过警方认真地甄别，这些购买者有些与张某一样是受了欺骗，但有些是明知这些药物含有毒品成分，为了追求"时髦"还依然服用的"瘾君子"，后者受到了相应的行政处罚。

二、毒品犯罪行为与其他犯罪行为的密切联系

　　安定祥和的社会氛围、稳定的社会秩序是每一个人正常工作、学习与幸福生活的基础，毒品犯罪行为不仅破坏了公民的身体健康、家庭的和谐美满，也对社会秩序造成了威胁。《中华人民共和国刑法》将毒品犯罪的罪名作为"妨害社会管理秩序罪"的一部分，涉毒违法犯罪通常与其他犯罪有密切关系。例如，贩毒集团通常会涉及掩盖犯罪所得，隐瞒非法财物的来源，通过金融机构"洗白"赃款等行为，构成洗钱罪；涉案人员为了逃避司法机关追查，抗拒执法部门的执法可能构成妨害公务罪；吸毒人员吸毒后产生幻觉，出现被害妄想，使用暴力行为攻击他人的，可能会构成故意伤害罪甚至故意杀人罪；驾驶员吸毒后驾驶机动车，危害道路交通安全的，可能构成交通肇事罪，甚至危害公共安全罪；为了筹集毒资购买毒品，吸毒人员从事盗窃、抢劫、诈骗行为的，又可能构成盗窃罪、抢劫罪或诈骗罪；非法利用信息网络发布有关制作或者销售毒品的信息，情节严重的构成非法利用信息网络罪。当然，涉毒违法犯罪不一定导致其他类型的犯罪，需要具体案件具体分析，但是现实中的很多真实案例证明，涉毒违法犯罪确实与其他犯罪存在密切联系。

男子吸食大麻产生幻觉杀害妻子

2018年以来，沈某因吸食大麻导致精神障碍，一直由其妻子赵某照顾。2019年12月某日傍晚，沈某因吸食大麻后产生幻觉，在其住处持锤子击打赵某的头部，致赵某严重颅脑损伤死亡。之后，沈某自杀未遂。后沈某在住处让他人帮忙报警，被赶来的公安民警控制。经鉴定，沈某在作案期间患有由精神活性物质所致的精神障碍。另查明，2016—2019年，沈某多次在其住处容留多人吸食大麻。法院认定沈某构成故意杀人罪，判处死刑，缓期二年执行，剥夺政治权利终身；构成容留他人吸毒罪，判处有期徒刑二年，并处罚金人民币五千元，数罪并罚，判处死刑，缓期二年执行，剥夺政治权利终身，并处罚金人民币五千元。

男子引诱女孩吸毒

2016—2019年，林某多次在家中等地容留多人吸食甲基苯丙胺。2016年某天，林某将同村的一个10岁女孩（化名小珍）带至家中，诱骗小珍吸食甲基苯丙胺。小珍吸食后感觉不适，林某趁机对小珍实施强奸，事后不许其将此事告知家人。后林某多次叫小珍来其家中吸食毒品，并与其发生性关系。2019年10月，林某被公安人员抓获。法院判决林某的行为构成引诱他人吸毒罪，判处有期徒刑三年，并处罚金人民币一万元；构成强奸罪，判处无期徒刑，剥夺政治权利终身；构成容留他人吸毒罪，判处有期徒刑二年，并处罚金人民币一万元，合并执行无期徒刑，剥夺政治权利终身，并处罚金人民币二万元。

两男子携"毒"贩卖，冲撞民警欲逃

2019年，陈某和李某携带毒品至某处贩卖，遇到公安民警检查。公安民警出示警官证，要求二人停车。陈某指使驾驶员李某倒车逃避抓捕，结果与后方的出租车相撞。之后，陈某、李某不听执法民警停车警告，不顾周围群众安全多次冲撞，致3名公安民警轻微伤，并致一辆摩托车及居民楼的大门损坏。后公安民警抓获二人，当场从陈某身上查获毒品甲基苯丙胺0.7克。案发时，多名群众受到惊吓，财产遭受损失，社会影响恶劣。法院依法对陈某以贩卖毒品罪判处有期徒刑四年，并处罚金人民币五千元，以以危险方法危害公共安全罪判处有期徒刑三年，决定执行有期徒刑六年，并处罚金人民币五千元；对李某以贩卖毒品罪判处有期徒刑二年，并处罚金人民币二千元，以以危险方法危害公共安全罪判处有期徒刑三年，决定执行有期徒刑四年，并处罚金人民币二千元。

三、打好禁毒人民战争，保护青少年健康成长

禁毒工作事关国家安危、民族兴衰、人民福祉，毒品一日不除，禁毒斗争就一日不能松懈。要依法严厉打击毒品违法犯罪，加大重点地区整治力度，坚决摧毁制贩毒团伙网络，深挖涉毒黑恶势力及其"保护伞"，铲除毒品问题滋生蔓延的土壤。要坚持关口前移、预防为先，重点针对青少年等群体深入开展毒品预防宣传教育，在全社会形成自觉抵制毒品的浓厚氛围。目前，我国已经掀起了第五轮禁毒人民战争，充分体现了"专群结合"的思想，最大限度地发挥了人民群众的力量。通过宣传教育，公民禁毒意识提高，举报奖励办法的内容受到广大群众认可。发现有人行踪诡异、精神异常亢奋、携带锡箔纸等吸毒工具的；发现有人借生日派对等，引诱、教唆尝试毒品的；发现可疑物流货物或快递包裹；听闻有人在外地从事贩毒的；发现娱乐场所、宾馆酒店、出租屋等场所有可疑涉毒活动的；发现地处偏僻的场所有反应釜及玻璃器皿等设备，散发着刺激性气味，工作人员行为异常的，举报人可在第一时间向公安机关举报。

64

【新闻链接】··

某市兑现禁毒举报奖励

2022 年 12 月 15 日，某市禁毒委员会举行第九次集中兑现禁毒举报奖励仪式，6 名对禁毒工作贡献突出的公民代表接受了奖励。本批次奖励 21 案 17 人，共计奖励 14.91 万元。

2018 年 8 月，国家禁毒委员会办公室、公安部、财政部联合印发《毒品违法犯罪举报奖励办法》。近年来，各地公安机关先后开通举报电话、邮箱、网站等渠道，认真受理群众来信、来电、来访举报。群众积极参与到禁毒人民战争中，发现可疑迹象主动与警方联系。仅该市 2017 年以来共计 2600 余人次群众先后获得举报毒品违法犯罪的奖励，累计兑现奖励金额约 220 万元。

涉毒犯罪案件连续多年下降是司法部门坚决打击毒品犯罪的成果，但目前毒品滥用群体中青少年占比仍然较高，毒品蔓延对青少年的健康成长影响较大。禁毒刑事立法规定了着重保护未成年人的条款，如《中华人民共和国刑法》规定，利用、教唆未成年人走私、贩卖、运输、制造毒品，或者向未成年人出售毒品的，从重处罚；引诱、教唆、欺骗或者强迫未成年人吸食、注射毒品的，从重处罚。这些特殊规定同时也是对犯罪分子的震慑。

刑法是法治社会的最后一道防线，仅靠事后严惩犯罪分子的方式并不能完全修复已经破坏的社会关系，因此青少年需要提高警惕，避免成为毒品犯罪的侵害对象。犯罪心理学研究表明，犯罪分子在挑选目标时并不是随机的，经常在外逗留、好奇心强并喜欢寻求刺激，长时间脱离家长和监护人的陪伴，与同学、家长和老师沟通不畅的年轻人容易被犯罪分子选为目标。掌握拒毒、防毒知识，远离高危环境和高危人群，保持冷静和警惕可以有效地预防毒品侵害。

【新闻链接】

多措并举，做好毒品预防教育工作

　　我国政府高度重视毒品预防教育工作，国家禁毒委员会出台《关于加强新时代全民禁毒宣传教育工作的指导意见》后，各相关部门每年都投入大量人力、物力积极推动宣传教育工作，进一步巩固学校毒品预防教育成果。2022年，国家禁毒委员会办公室、教育部办公厅联合印发通知，部署开展2022年秋季开学在校学生毒品预防教育"五个一"活动。通过参观一次禁毒展览、开展一次禁毒主题班会、开展一次禁毒知识答题活动、开展一次禁毒作品征集活动、观看一次禁毒题材影视作品或文艺演出，切实加强毒品预防教育工作。青少年应当珍惜毒品预防教育活动的机会，积极投入其中，达到"教育一个孩子，影响一个家庭，带动整个社会"的良好目的。

第四章

一套行之有效的
拒毒"组合拳"

在这个五彩斑斓的世界里，我们每个人都是一颗独一无二的星星，有着自己的梦想和光芒。但是，有些东西就像天空中的乌云，可能会悄悄遮住我们的光亮，让我们迷失方向，毒品就是这样一种可怕的东西。下面我们就一起来学习如何拒绝毒品，守护好自己的闪亮星空。

第一节　认清毒品的真面目

毒品，听起来好像离我们很远，但其实它可能就在我们身边，以各种伪装出现。它可能是五彩斑斓的糖果、看似无害的饮料，或者是别人口中"能让人快乐"的小药丸。但请记住，无论它看起来多么诱人，背后都隐藏着巨大的危险。毒品会损害我们的身体，让我们的记忆力变差，学习效率降低，甚至导致我们无法像正常人一样生活。更可怕的是，一旦沾染上毒品，就很难摆脱它的控制，就像被一条无形的锁链绑住了一样。

远离毒品先要了解毒品。我们可以通过上网、看书等方式充分了解毒品的特性以及危害，这样才能让自己时刻保持警惕，远离毒品；同时，通过老师和家长的科普，全面且深入地了解新型毒品及其伪装形式，如毒品棒棒糖、毒品饼干等，这是增强防毒意识的重要基石；还可以积极主动地通过多样化的途径去获取相关信息，如上网查询权威资料、阅读专业书籍和期刊文章等。在这个过程中，我们需要细致入微地学习各类毒品的特性，包括但不限于它们的化学成分、物理形态、来源渠道以及常见的伪装方式。了解这些特性有助于我们在日常生活中更加敏锐地识别潜在的毒品风险。

了解毒品，当然也包括了解毒品的危害。通过学习，我们知道毒品会破坏我们的免疫系统，让我们的身体变得虚弱，容易生病；同时，毒品还会让人产生一系列的心理健康问题，如让人产生幻觉，变得暴躁、焦虑，甚至抑郁；吸毒会让家人担心、伤心，甚至导致家庭关系破裂；一些吸毒的人毒瘾犯了，为了获得毒资，走上违法犯罪的道路，毁掉自己的一生。

典型案例

老人为缓解病痛吃大麻棒棒糖险送命

一名70岁的老人患有严重的关节炎，为了缓解疼痛，老人听从了朋友的建议，买了一颗大麻棒棒糖，它含有 90 毫克四氢大麻酚。四氢大麻酚是大麻的精神活性成分，通俗地说，就是能让人产生兴奋感的成分。人们可以用它来缓解肌肉疼痛、焦虑、关节炎、癫痫和创伤后应激障碍等症状。通常 7 毫克就足以缓解关节炎造成的疼痛。在食用大麻棒棒糖不

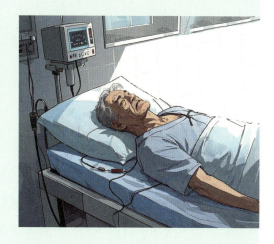

到 30 分钟后，老人便开始出现"末日逼近"的可怕幻觉和压迫性胸痛。他还打电话给家人，以为自己快死了。老人被送到急救室时脸色苍白、汗流浃背。他接受了治疗，四氢大麻酚的作用消失后，他的幻觉和胸痛也消失了。后续扫描显示，大麻导致老人的肌肉受损，每次心脏收缩，流出来的血液都有所减少。

随着合成大麻素的泛滥，以人工合成大麻素为主要成分的毒品伪装成棒棒糖、曲奇饼干、果冻、奶茶包等，蒙蔽了很多人的眼睛，让大家误以为它们不是毒品。因此，无论是老年人还是青少年，都应该警惕这些伪装的毒品，以免受其危害。

69

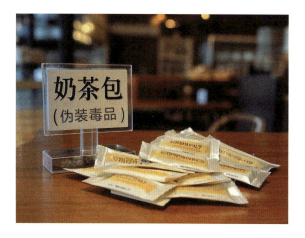

奶茶包（伪装毒品）

第二节　学会拒绝的技巧

一、直接拒绝法

明确态度：当面临毒品诱惑时，要坚定而明确地表达自己的拒绝态度。例如，可以说"吸毒是违法的，也是有害健康的，我绝对不会尝试"，或者说"我不需要，也不想知道这些东西"。总而言之，我们要直截了当，不要含糊其词或试图回避问题，要直接且坚决地拒绝毒品的诱惑。

二、借口推托法

在无法直接拒绝或面临压力时，可以寻找合适的借口来委婉拒绝毒品诱惑。例如，可以说"我现在身体不舒服，不能尝试任何东西"，或者说"我对这些东西过敏，不能碰"。如果你觉得拒绝会让自己尴尬或陷入危险，可以找个借口离开现场，比如说"我现在要去找朋友，我得先走了""哎哟，我肚子痛，我得去卫生间"，或者说"我父母打电话催我回家了"。在拒绝的同时，也可以提出其他话题或活动来转移对方的注意力。例如，可以说"我们找个时间一起去打球吧，别谈这些无聊的事情了"。

三、寻求帮助法

如果你觉得自己无法单独应对这种情况，要及时告知家人、老师或朋友等可信赖的人，他们可以为你提供支持和帮助，和你共同应对毒品问题。在面临严重的毒品威胁或犯罪活动时，应立即拨打"110"报警电话，向警方求助。警方会迅速采取行动，保障你的安全。

70

第三节　树立正确的"三观"

　　青少年要抛弃贪图享乐、热衷炫耀等不良的价值观，要有自己独立的判断，形成自己独立的人格，不受他人影响，树立正确的"三观"（世界观、人生观和价值观）。

　　在当今社会，物质诱惑和虚荣心往往容易让人迷失方向。贪图享乐可能让人沉迷于短暂的快乐之中，而忽视了长远的发展和内心的充实。热衷炫耀则可能让人陷入无休止的比较和竞争中，从而忽略真正的人生价值和意义。为了摆脱这些不良价值观，我们需要学会审视自己的内心需求，明确自己的人生目标。真正的幸福和满足往往来自内心的平和与充实，而不是外在的物质和虚荣。我们应该追求有意义的生活，关注自己的成长和进步，以及对他人的贡献和帮助。

　　独立思考和独立人格是每个人都应该具备的重要品质。在这个信息爆炸的时代，我们面临着各种各样的信息和观点的冲击。如果缺乏独立思考的能力，我们很容易被别人的意见所左右，甚至迷失方向。在一些案例中，即使青少年在课堂上已经学习过相关的毒品知识，仍然会被诱骗吸毒。

　　坏人：没关系，这个不是毒品，你看它五颜六色的，怎么可能是毒品呢？这只是小糖丸。

　　青少年：嗯？这确实和我在课堂上学的毒品有那么一点点不一样，难道是我记错了？他都说了好几次这不是毒品了，应该不会骗我吧？

　　在人生的道路上，我们会遇到各种各样的人和事。有些人可能会试图影响我们的思想和行为，让我们按照他们的意愿行事。如果我们缺乏坚定的信念和原则，就很容易受到他人的蛊惑和操控。为了培养独立判断的能力，我们需要学会质疑和反思。对于任何信息和观点，我们都应该保持怀疑的态度，进行深入的思考和分析。同时，我们也应该勇于表达自己的观点和想法，不怕与他人产生分歧。通过不断地质疑、反思和表达，我们可以逐渐形成独立的人格和独特的价值观。

总而言之，为了树立正确的"三观"，我们需要保持清醒的头脑和坚定的立场。我们应该明确自己的人生目标和价值观，不被他人的言论和行为所左右。同时，我们也应该学会尊重他人的差异和多样性，以包容和开放的心态看待世界。

 【知识拓展】

记住这些重要的话

● 你的价值不在于你拥有什么，而在于你是谁。不要因为好奇或想成为"酷"的人而去尝试毒品。

● 保护自己是最重要的。无论遇到什么情况，都要把自己的安全放在第一位。

● 求助并不可耻。寻求帮助是一种智慧，而不是软弱的表现。

典型案例

少女为追求"时尚"和"潮流"最终害了自己

李某辍学来到某市不久后，被初中同学冯某某带入当地的酒吧工作。在某天凌晨，李某与冯某某被4名男子邀请去吃夜宵，他们在吃夜宵的过程中吸食了摇头丸。李某很好奇，觉得这些人吸食摇头丸之后的表现很"潮流"，于是主动提出想和他们一起吸食摇头丸。李某在失联近10个小时后回到出租屋时已神志不清，身上多处淤青。送医后查出她曾吸食摇头丸，两小时后抢救无效身亡。李某所追求的"时尚"和"潮流"，最终成为一把利刃，插向了自己的胸口。

第四节　净化朋友圈

在人生的旅途中，我们每个人都会遇到各种各样的人，形成自己的社交圈子，也就是常说的"朋友圈"。这个圈子不仅影响着我们的日常生活，更在潜移默化中塑造着我们的价值观和行为方式。因此，不断净化自己的朋友圈，远离不良的价值观和不良行为方式显得尤为重要。

交朋友不是一件随意的事情，而是需要我们慎重考虑和选择的。在结交新朋友时，我们应该注重对方的品质、价值观和行为方式，看是否与自己的追求和原则相符。只有那些能够与我们相互支持、共同成长的人，才值得我们去深交和珍惜。因此，朋友圈的质量直接关系到个人的成长与发展。一个积极、健康的朋友圈能够激励我们不断前行，追求更高的目标；而一个消极、颓废的朋友圈则可能让我们陷入困境，甚至走向歧途。特别是在面对同辈群体的影响时，我们更需保持清醒的头脑，不轻易被不良价值观和行为方式所左右。如果身边吸毒人员多，就会认为吸毒是一件很正常的事，从而形成扭曲的价值观，最终和身边的吸毒人员一样走上不归路。当在朋友圈中发现一些具有不良行为的朋友时，我们需要坚定自己的立场，明确自己的态度。特别是当朋友涉及吸毒等严重违法行为时，我们更应该毫不犹豫地远离他们。因为吸毒不仅是对自己身体的摧残，更是对社会和家庭的极大伤害。与这样的朋友保持距离，不仅是对自己的一种保护，也是对家庭和社会负责。

在结交新朋友之前，先明确自己的价值观和原则，确保所选择的朋友能够与自己产生共鸣。通过参加各种社交活动、加入兴趣小组等方式，结识那些与自己有着共同爱好和追求的人。不要在陌生且复杂的场合去认识朋友，也不要因为别人伪装出来的一点善意，就完全信任别人，认为他是自己的"好朋友"。

净化自己的朋友圈，很重要的一点就是要定期对自己的朋友圈进行审视，剔除那些与自己的价值观不符或带来负面影响的人。总之，净化自己的朋友圈是一个持续的过程，需要我们时刻保持警惕和自省。只有这样，我们才能确保自己始终走在正确的道路上，与那些真正值得交往的人共同成长和进步。

典型案例

引诱、教唆他人吸毒构成犯罪

2020年10月,古某、李某某(未成年人)租住在严某某(未成年人)母亲家中。古某明知严某某、李某某没有吸毒史,却故意在他们面前制作吸毒工具,并询问二人是否愿意尝试吸毒。他通过宣扬吸毒后的体验、示范吸毒方法等手段,引诱、教唆严某某、李某某吸食毒品。同年11月,古某还多次在其租住的房间内容留严某某、李某某及其他吸毒人员吸食甲基苯丙胺。

古某通过向他人宣扬吸食毒品后的感受等方法,诱使、教唆他人吸食毒品,其行为已构成引诱、教唆他人吸毒罪。同时,他多次提供场所容留吸毒人员及未成年人严某某、李某某吸食毒品,其行为已构成容留他人吸毒罪。鉴于古某引诱、教唆未成年人吸毒,且系累犯,法院依法对其从重处罚。最终,古某被判处有期徒刑三年四个月,并处罚金人民币六千元。

74

第五节　增强心理承受能力，战胜学习中的困难

随着学习课程越来越难,同学们发现自己的课业成绩与理想中的成绩还有很大差距,会因此感到沮丧。如果这时候又遇到一些难题,就会觉得心理压力过

大，无法承受。遇到这种情况，可以参加学习小组或辅导班，与同龄人共同进步；也可以发展自己的兴趣爱好，如音乐、绘画、运动等，以丰富生活，缓解学习压力，培养自信心和毅力，提高心理承受能力。同时，家长和老师也应该在日常的学习、生活中教导孩子在面对困难时，要保持坚定的信念和决心，通过不断尝试和努力，逐渐培养自己的坚韧性和毅力。

典型案例

为解压而吸毒，最终走向犯罪

李明是一名高中生，他在学业上一直表现平平，对学习缺乏兴趣。随着时间的推移，他的成绩逐渐下滑，他开始感到压力和挫败感。他的父母对他的期望很高，但李明觉得自己无法达到他们的期望，这让他更加沮丧。面对学业的压力和家庭的高期望，李明开始寻找逃避的方式。起初，他沉迷于网络游戏和社交媒体，但这些活动很快变得单调乏味。后来，他接触到了一些不良朋友，在好奇心的驱使下，他尝试了第一次吸毒。随着时间的推移，他对毒品的依赖越来越深，逐渐失去了对生活的控制。李明的吸毒行为很快被家人和学校发现，虽然父母痛心疾首，但已经无法阻止他的堕落。李明因为吸毒失去了学业和未来，他的身体健康也受到了严重损害。更糟糕的是，他因为涉及毒品犯罪而面临法律的制裁。

这个案例旨在警示我们，逃避现实并不是解决问题的办法。面对学业或其他方面的压力，我们应该积极寻求帮助和支持，而不是选择逃避或采取极端行为。吸毒是一种极其危

75

险的行为，它不仅会摧毁个人的身体和心理，还会对家庭和社会造成深远影响。

因此，我们应该珍惜生命，远离毒品，积极面对生活中的挑战和困难。同时，我们也应该关注身边人的心理健康状况，及时给予关爱和支持。

同学们可以根据下列场景，一起来排练如何应对毒品诱惑。

场景一：生日聚会

角色扮演：学生A（寿星）、学生B（好友）、不法分子C。

情节：在生日聚会上，不法分子C趁机引诱学生A和学生B尝试毒品。

应对：学生B拒绝并劝说学生A远离毒品，同时报警。警察到场后，不法分子C被制伏。

场景二：娱乐场所

角色扮演：学生D、学生E、不法分子F。

情节：在娱乐场所，不法分子F以提供兴奋剂为由引诱学生D和学生E。

应对：学生D警觉并劝说学生E离开，同时向工作人员举报。最后，工作人员将不法分子F驱逐。

第五章

一场坚决打赢的禁毒人民战争

禁毒工作事关国家安危、民族兴衰、人民福祉，厉行禁毒是中国政府的一贯立场和坚决主张。党的十八大以来，全国禁毒部门以对国家、对民族、对人民、对历史高度负责的态度，坚持厉行禁毒方针。

"毒品一日不除，禁毒斗争就一日不能松懈！"只有打好新时代禁毒人民战争，才能不断巩固拓展多年来禁毒斗争取得的丰硕成果。那么，中国的禁毒是从什么时候开始的？经历了怎样的发展？中国禁毒人民战争取得了什么样的成就？在数十年来的禁毒斗争中又涌现出了哪些英雄人物和感人事迹？现在，让我们一起来翻开中国禁毒波澜壮阔的历史篇章吧！

第一节　中国禁毒历史的开端

　　鸦片其实早在唐朝就作为一种药品传入中国，最初仅限于上流社会与文人雅士阶层使用。到明朝万历年间，鸦片作为药品开始流行于民间。李时珍的《本草纲目》记载了其药用价值与使用方法。那为什么现在我们对它们避之不及，几乎每一个中国人都对它深恶痛绝？这是因为我们在历史上曾经经历过鸦片带给我们的至暗时刻。当年西方殖民者用鸦片打开了中国的大门，将吸食鸦片的恶习带入中国。鸦片战争改变了中国历史发展的进程，中国独立主权的完整性和自然经济遭到破坏，开始沦为半殖民地半封建社会。第二次鸦片战争使中国丧失更多主权，中国的半殖民地化程度进一步加深。

　　康熙年间，海禁大开，鸦片作为药品，纳税之后可以进口，助长了吸食鸦片之风。虽然康熙年间采取提高鸦片关税的策略限制进口，但是吸食鸦片的恶习依然从沿海向内地蔓延，从宫廷扩散到了民间。雍正年间，清朝廷对鸦片戕害人的身体、败坏社会风气的弊端已有觉察。1729年颁布的中国历史上第一个禁烟令明确规定：兴贩鸦片烟，照收买违禁货物例，枷号一月，发边卫充军；若私开鸦片烟馆，引诱良家子弟者，照邪教惑众律，拟绞监候。为从，杖一百，流三千里。船户、地保、邻右人等，俱杖一百，徒三年。如兵役人等借端需索计赃，照枉法律治罪，失察之汛口，地方文武各官，并不行监察之海关监督，均交部严加议处。这个禁烟令禁的是鸦片烟，不准将鸦片和烟草混合吸食，但是没有禁止鸦片的进口和吸食。因此，鸦片作为药材，仍允许纳税进口，外国鸦片仍不断输入，荼毒中华大地。而且，这些法令并没有真正执行，"开馆应拟绞律，律例早有明条，而历年未闻绞过一人，办过一案"，即开设鸦片烟馆应当判处绞刑，律例中早有明确规定，但历年来并没有听说有一个人依照律例被判处过绞刑，也没有办过一个这样的案件。

　　虽然这个禁烟令并没有达到预期的实施效果，但这是中国第一个禁烟法令，也被认为是世界上第一个禁烟令，标志着中国禁毒历史的开始。

此后，嘉庆帝和道光帝继续推行禁烟政策，在禁烟立法方面多有作为。嘉庆时期继承了雍正时期以来对"兴贩鸦片"和"开设烟馆"的处罚规定，第一次把矛头指向了外国对华的鸦片贸易，从关税表中剔除了鸦片，禁止鸦片进口，并采取一系列措施打击外商走私鸦片的活动。同时，还明确规定禁止在国内种植罂粟，任何购买、运输、销售鸦片的行为都是非法行为。此外，还颁布了《吸食鸦片烟治罪条例》，把禁烟范围从过去的单纯禁止贩卖扩大到禁止吸食，开以刑法手段制裁吸毒者的先河。道光帝陆续发布一系列条例，如《失察鸦片条例》《钦定严禁鸦片烟条例》，还颁布了《查禁鸦片章程》，这一章程集历次禁烟法令之大成，是清朝时期一部系统、全面的单行禁烟法。

【禁毒故事】

道光年间禁烟运动的顶点——虎门销烟

林则徐，字元抚，福建侯官人，其清正廉洁、刚正不阿的品质广为后人传颂。虎门销烟，是他一生中最辉煌的篇章，展现了中华民族反抗外来侵略的坚强意志。

清朝道光年间，鸦片流毒严重，导致国库空虚，民众身心受损。面对这一严峻形势，道光帝任命林则徐为钦差大臣，赴广东查禁鸦片。1839年，林则徐抵达广州后，立即开展禁烟斗争，采取一系列有力措施，严查鸦片走私。他发布檄文，警告贩卖鸦片的洋商，限他们在3天内交出鸦片，并承诺永不贩卖。他曾说："若鸦片一日未绝，本大臣便一日不回，誓与此事相始终，断无中止之理。"在林则徐的坚定态度下，英、美等国商贩被迫陆续缴出鸦片110多万千克。为了彰显禁烟决心，林则徐决定在虎门海滩当众销毁鸦片。1839年6月3日，虎门销烟正式开始。林则徐亲自监督，将鸦片倒入销烟池中销毁。禁烟运动由此达到高潮，这就是近代史上著名的虎门销烟。

虎门销烟事件震惊了世界，在一定程度上遏制了鸦片在中国的泛滥，在民间产生了积极的影响，向全世界表明了中国人民禁烟的坚定决心。这次禁烟运动大大增强了中国广大民众对鸦片危害性的认识，使很多人看清了英国向中国贩卖鸦片的本质，唤醒了中国人民的爱国意识。林则徐领导的禁烟运动的胜利，维护了中华民族的尊严和利益，这也是世界历史上第一次真正意义上的大规模的禁毒运动。

【读完虎门销烟的故事，你有什么感想呢？试着写下来吧！】

第二节　中华人民共和国成立初期的禁烟运动

　　中华人民共和国成立初期，面临的国内外形势十分严峻。在国内社会问题中，鸦片烟毒造成的祸患尤为突出，严重影响着国民经济的恢复和社会的安定。当时罂粟种植问题十分严重，罂粟种植侵占了大量的耕地，造成了粮食严重短缺。全国吸毒问题也比较普遍，吸毒人员倾家荡产、妻离子散、家破人亡，造成了大量社会财富的浪费，损害了人民身心健康。烟毒还败坏社会风气，引发各种犯罪，严重危害社会安宁。

　　为了人民的身体健康，为了建立良好的社会秩序和巩固新生的人民政权，中国共产党和中央人民政府决心在全国开展一场大规模的禁烟禁毒运动，根除烟患，医治旧中国的痼疾。

　　中华人民共和国成立初期的禁毒运动可以分为两个时期：一是1950年2月至1951年7月，禁烟初期；二是1952年8月至10月，禁烟行动的高潮。

　　第一阶段：1950年2月24日，中央人民政府政务院发布了《关于严禁鸦片烟毒的通令》（以下简称《通令》）。《通令》全面阐明了禁绝烟毒的意义、目的、方针和政策。它的发布不仅为各级党委、政府开展禁毒斗争提供了指导思想，也受到了人民群众的热烈拥护，为全国禁毒运动的顺利开展奠定了良好的群众基础。首先实行烟民登记，要求在规定期限内，所有烟民必须向当地公安机关或人民政府登记，并于一定时间内交出全部烟土。以公安部门为主，动员各方面力量，在鸦片播种和收获时予以强行铲除。当时以大中城市和交通要道为重点，认真开展查禁工作。针对毒品的种、运、制、贩、吸等环节的实际情况，人民政府及公安机关采取"力劝两头，断斩中间"的策略，即规劝吸毒者不吸、种者不种（包括强制铲除），重点卡断流通环节，着重打击制毒、贩毒行为。此法在当时被称为"拦腰一棍"，使罂粟不易卖出，吸食者也不易买到，除边疆民族地区与内地偏僻山区尚有零星种植罂粟外，全国大部分地区先后实现了禁种。

第二阶段：1952年，禁毒运动进入高潮。1952年4月15日，中共中央发出《中共中央关于肃清毒品流行的指示》。7月30日，中央批准了公安部《关于开展全国规模的禁毒运动的报告》。8月10日，按照公安部统一部署，全国禁毒重点部门和地区同时开启第一期破案行动。12月，中共中央转发了公安部《关于禁毒运动的总结报告》，标志着声势浩大的禁毒运动胜利结束。

仅用3年（1950—1952年）时间，中国共产党便领导中国人民基本肃清了鸦片的种植、毒品的制造和贩运。通过强制自戒，数百万吸毒者戒除恶习，取得了全国性禁烟禁毒运动的重大胜利，这是世界禁毒史上的奇迹。

此后，中央政府对鸦片毒品的打击依然没有放松，在随后的几十年里，颁布数个禁毒的法律，并依靠人民群众的力量，与毒品作斗争。1963年5月26日，中共中央颁布了《中央关于严禁鸦片、吗啡毒害的通知》。该通知规定严惩私藏毒品、吸食毒品、种植罂粟、私设地下烟馆和贩卖毒品等犯罪行为；规定对吸毒犯应强制戒毒，对已吸食鸦片或打吗啡针等毒品成瘾者，必须指定专门机构严加管制，在群众监督下，有计划、有组织、有步骤地限期强制戒除，在吸毒严重的地区可以集中戒除；规定凡自己吸食毒品，但自动交出毒品并坦白交代其犯罪行为者，可从宽处理。1973年1月13日，国务院又颁布了《关于严禁私种罂粟和贩卖、吸食鸦片等毒品的通知》。该通知重申1950年《关于严禁鸦片烟毒的通令》，要求发动群众同私种罂粟和贩卖、吸食鸦片等毒品的违法犯罪行为作斗争。规定严惩偷运、贩运毒品的犯罪行为，对吸毒者实行强制戒毒。至此，从20世纪50年代到70年代末，我国以"无毒国"享誉世界近30年。

【知识拓展】

民国时期的民间禁毒组织——中华国民拒毒会

中华国民拒毒会（以下简称"拒毒会"）于 1924 年 8 月 5 日在上海成立，它是由 30 余个团体联合组成的。这些团体中，以教育、宗教、卫生组织为主。作为一个民间组织，拒毒会向政府发出呼吁、建议，并且对政府的决策或者措施进行监督，促使各级政府采取更积极的禁毒措施。

国民党政权定都南京后，拒毒会积极开展活动，发表宣言，并向国民政府递交了禁烟请愿书。其后，拒毒会多次呼吁政府采取更为有力的禁毒措施。在国民政府的"禁烟委员会"成立之后，拒毒会对其禁毒不力公开进行质询。1932 年，鸦片公卖之议又起，拒毒会再次坚决反对；1934 年，拒毒会又向政府上书，敦促政府采取禁绝政策。拒毒会还通过它在各地的分会，监督各地的禁烟禁毒进展情况，不断揭露事实，向各级政府施加压力。拒毒会的这些做法，对政府的禁毒起到了积极的促进和监督作用。

拒毒会除向政府施加压力及影响外，更组织了广泛的禁毒宣传活动。其主要形式有出版刊物、编辑图书；开展活动，组织"拒毒日""拒毒周"演讲，召开大会，举行全国巡回拒毒活动，广泛宣传禁毒与戒毒；开展对外宣传和国际禁毒合作。拒毒会出版的《拒毒月刊》，共出版了 100 多期，在当时是中国最有影响力的禁毒刊物。《拒毒月刊》创办于 1926 年 5 月，影响逐渐扩大，到了 1928 年，发行量已达 15 万份，在当时是个了不起的成就。《拒毒月刊》内容丰富，刊载的文章质量高、图文并茂。内容包括各种法规、新闻通讯、学术文章等，更包括一些与禁毒有关的小说、诗歌、散文等文学作品，尽量做到既有一定权威性，又通俗易懂。除了《拒毒月刊》，拒毒会还出版了一些有关拒绝毒品的书籍，如《鸦片痛史》《鸦片流毒》《黑籍人鬼》等，比较重要的还有《毒品问题与公共卫生》《毒剂问答》等。这些刊物与书籍，在很大程度上促进了禁毒运动的开展，起到了很好的宣传教育作用。除了刊物与书籍，拒毒会还聘请一些有名的画家，绘制了禁毒宣传画，如《协力拒毒图》《再接再厉图》《奋起扑灭鸦片吗啡图》《家庭拒毒图》等。拒毒会在宣传上观念很新，用绘画、漫画来宣传禁毒，确实能够起到非常好的效果。拒毒会还拍摄了一些禁毒题材的电影，如《上海拒毒大运动》《山西拒毒大运动》《孽海慈航》等。这些电影还被编成新闻，由美国派拉蒙影片公司向国外发行，产生了很大的影响。

总之，拒毒会对我国禁毒事业作出了杰出的贡献。他们当年所采用的宣传方式，至今仍被沿用。

【拒毒会的禁毒宣传活动给了你什么启发呢？试着写下来吧!】

第三节 新形势下的禁毒人民战争

　　从20世纪80年代开始，毒品形势日益严峻且复杂，国际贩毒集团也把贩毒活动转向了中国，梦想建立一条新的贩毒通道，中国早已绝迹的毒品问题死灰复燃，且迅速蔓延、愈演愈烈。进入21世纪，随着科技的进步，中国的毒品问题也伴随着全球一体化程度的不断加深而变得越发严重。"金三角""金新月""银三角"地区的毒品通过国际贩运路线进入我国，部分西方国家大麻合法化、毒品合法化的趋势愈演愈烈，新精神活性物质不断地更新迭代，使世界毒品问题更加复杂多变。毒品这场瘟疫正在全球肆虐，没有任何一个国家可以独善其身，中国也不例外。中国的禁毒工作一直以来面临着巨大的压力与挑战。

　　面对这种情况，党中央、国务院作出了一系列加强禁毒工作的战略决策，逐步建立并完善了禁毒工作责任制和领导体制、工作机制、保障机制，形成了各级政府统一领导、禁毒委员会组织协调、有关部门各负其责、社会力量广泛参与的综合治理毒品问题的新格局。

　　1990年，中国政府成立了由公安部、卫生部和海关总署等组成的国家禁毒委员会，负责研究制定禁毒方面的重要政策和措施，协调有关重大问题，统一领导全国的禁毒工作。1998年，国务院批准公安部成立禁毒局。1999年8月，国家禁毒委员会召开了第三次全国禁毒工作会议，我国禁毒工作进入了一个新阶段。

　　2005—2007年，开展了为期3年的第一轮全国禁毒人民战争。这次禁毒人民战争以解决海洛因问题为重点，以遏制毒品来源、遏制毒品危害、遏制新吸毒人员滋生为目标，共包括毒品预防、禁吸戒毒、堵源截流、禁毒严打、禁毒严管五大战役。

　　2008—2010年，按照国家禁毒委员会统一部署，在3年禁毒人民战争取得阶段性成效的基础上，紧紧围绕奥运安保、抗震救灾、抗击冰雪、维护稳定等中心任务，以贯彻实施《中华人民共和国禁毒法》为主线，以巩固和扩大海洛因治理成果、遏制新型毒品蔓延为重点，以实现我国禁毒斗争形势持续好转为目标，全面强化各项禁毒措施，深入推进新一轮禁毒人民战争。

2011—2015年，开展了为期5年的第三轮全国禁毒人民战争。2011年6月26日，《戒毒条例》施行，首次用法律形式明确了"以人为本、科学戒毒、综合矫治、关怀救助"的戒毒工作原则，确立了我国戒毒工作的指导理念和发展方向，完善了社区戒毒、自愿戒毒、强制隔离戒毒、社区康复的戒毒体系。全国禁毒宣传教育工作小组联席会议作出部署，要求各地区、各有关部门以青少年和合成毒品为重点，扎实推进2011年全国禁毒宣传教育工作。2014年，中共中央、国务院印发《关于加强禁毒工作的意见》，首次将禁毒工作纳入国家安全战略和平安中国、法治中国建设的重要内容。2015年6月25日，党和国家领导人习近平等在北京人民大会堂会见全国禁毒工作先进集体代表和先进个人，习近平总书记发表重要讲话，对进一步做好新形势下的禁毒工作指明了前进方向。

2016—2020年，开展了第四轮禁毒人民战争。党和国家不断加强顶层设计，搭建起禁毒工作的"四梁八柱"。国家禁毒委员会提请中央印发《毒品问题严重地区责任考评办法》，制定实施《国家禁毒委员会禁毒重点整治工作办法》等一系列制度规范，为有效治理突出毒品问题提供了政策依据；202年全国新发现吸毒人员数量较2016年降幅接近六成；现有吸毒人员数量较2016年年底降幅超三成；2020年全国禁毒工作群众满意度达到96.96%。中国在2016年的世界毒品问题特别联大上进一步阐明我国政府的禁毒立场和政策主张，赢得国际社会的高度关注和广泛认同，树立了我国在国际禁毒领域负责任的大国形象。

2021年开始，进入为期5年的第五轮禁毒人民战争，以开展禁毒人民战争为载体，以完善禁毒体制机制为动力，着力构建全覆盖毒品预防教育、全环节管理服务吸毒人员、全链条打击毒品犯罪、全要素监管制毒物品、全方位监测毒情态势、全球化禁毒国际合作的"六全"毒品治理体系。

从2005—2025年，禁毒人民战争历经20年。近年来，各地区、各有关部门在党中央、国务院和地方各级党委、政府的领导下，坚持源头治理、系统治理、综合治理、依法治理，坚持禁种、禁制、禁贩、禁吸多措并举。20年来，面对毒品问题快速蔓延的严峻挑战，中国政府始终重视禁毒工作，坚持把禁毒工作纳入经济社会发展规划，作为国家安全和社会稳定的重要内容，动员一切社会力量，采取一切必要措施，尽最大努力禁绝毒品，造福人民。

【关于禁毒工作，你有什么想法？试着写下来吧！】

第四节 缅怀先辈，传承英雄精神

从20世纪80年代开始，中国厉行禁毒，开始了轰轰烈烈的禁毒斗争，禁毒工作取得了一定的成效。这些成绩的取得离不开禁毒警察的辛勤付出。他们有的隐姓埋名，献身于禁毒工作；有的舍小家为大家，日夜守护社会稳定；有的因公负伤，甚至献出了宝贵的生命；有的长期奋战在禁毒一线，积劳成疾；有的深入虎穴，与犯罪分子斗智斗勇，将危险挡在人民群众之外。他们日夜兼程，风餐露宿，只为守护一方净土，让毒品无处藏身。在这场没有硝烟的战争中，他们用自己的血肉之躯，筑起了一道坚实的防线，用坚定的信念和无悔的青春，为禁毒事业贡献力量；他们用实际行动诠释了"人民公安为人民"的宗旨，展现了新时代人民警察的良好形象，谱写了一曲曲感天动地的英雄赞歌。自1982年云南在全国率先成立专业禁毒队伍以来，40余年间，云南有60名禁毒英雄在禁毒斗争中英勇牺牲，300多名同志光荣负伤。

马赛克后的真英雄

　　蔡晓东，1983年5月出生于云南省普洱市江城县，哈尼族人，2006年4月加入中国共产党，同年6月参加工作。他生前担任云南出入境边防检查总站西双版纳边境管理支队执法调查队副队长、一级警长。在长达13年的边境缉毒生涯中，蔡晓东始终坚守在禁毒斗争的第一线。他参与侦办了247起毒品案件，参加了358次专项缉毒行动，共抓获犯罪嫌疑人249人，缴获各类毒品累计达1609.56千克。他的英勇行为使他多次获得表彰和奖励，包括个人一等功、二等功、三等功各一次，他还被评为优秀共产党员、优秀警官、禁毒标兵。

　　2021年11月26日，蔡晓东所在的执法调查队获得情报，有毒贩携带大量毒品入境并藏匿在边境一线。在经过前期摸排侦查和精心策划后，12月4日，蔡晓东和同事们展开了收网行动。在边境一线的密林中，他们设伏并成功抓获了携带31.8千克鸦片的嫌疑人。然而，在追捕过程中，蔡晓东遭遇了持枪毒贩的激烈反抗。在枪战中，蔡晓东虽然身着防弹衣，但不幸被子弹击中未受保护的部位，身负重伤。他强忍剧痛，继续追击，但最终因伤势过重倒地，经抢救无效壮烈牺牲，时年38岁，那时他的女儿还不满9岁。

　　蔡晓东的牺牲引起了广泛的关注和哀悼。2022年1月18日，云南省人民政府评定他为烈士。同年5月，人力资源和社会保障部、公安部追授他"全国公安系统一级英雄模范"称号。6月9日，他的生前警号377083被保留，成为国家移民管理局成立以来的首例。

　　2022年3月30日，蔡晓东被安葬在西双版纳景洪市勐龙烈士陵园，长眠在他用生命守护的边境线上。他的事迹将永远铭记在人们心中，成为缉毒战线上不朽的传奇。

英雄信仰在传承

张从顺和张子权父子是云南省临沧市公安局的禁毒英雄。张从顺，1949 年出生，曾任云南省临沧市镇康县公安局军弄派出所所长。1994 年 9 月 1 日，在一次跨国毒贩抓捕行动中，张从顺为保护战友英勇牺牲。他的牺牲发生在毒贩引爆手榴弹的瞬间，他用自己的身体挡住了爆炸的大部分冲击，保护了身后的战友。

张子权，1984 年出生，是张从顺的儿子，也是云南省临沧市公安局禁毒支队的民警。他追随父亲的脚步，成为一名禁毒警察。张子权在公安工作中表现出色，参与侦破了多起重大贩毒案件，包括公安部和云南省公安厅督办的重特大贩毒专案，缴获毒品 20 余吨和制毒物品 1100 余吨。2020 年 12 月 15 日，张子权在跨省侦办专案期间，因过度劳累突发疾病，不幸去世，年仅 36 岁。他的去世再次唤起了公众对这对英雄父子的记忆和崇敬。

张从顺和张子权父子的事迹激励着无数人。他们用生命践行了为国为民的诺言，成为人民警察队伍中的优秀代表。传承信仰、矢志报国，张从顺、张子权用奋斗的一生铸就了人民警察的忠诚警魂。"一门两忠烈，英雄父子兵"，《人民公安报》这样赞扬他们。

青春热血书写英雄事迹

柯占军深知毒品对社会安宁的严重危害，因此他在高中毕业后选择了报考云南公安高等专科学校的禁毒专业（现云南警官学院禁毒专业）。在大学期间，柯占军每个假期都会到景洪市公安局禁毒大队实习，参与侦破多起案件。毕业后，他以饱满的热情和昂扬的斗志全身心投入禁毒工作中。

2012 年 2 月 23 日，柯占军在境外执行任务 40 多天后刚回到景洪，得知禁毒支队正在组织收网一起特大武装贩毒案，他主动请缨加入抓捕毒贩的战斗。在抓捕过程中，柯占军冲锋在前，面对持枪歹徒临危不惧，奋不顾身地与毒贩展开搏斗，并成功控制了一名毒贩。不幸的是，另一名毒贩突然开枪击中了他的右下胸部，柯占军最终因伤势过重而牺牲，牺牲时年仅30岁。

柯占军从警9年来，主办毒品案件33起，抓获贩毒嫌疑人64人，缴获毒品53千克。他还参与协助侦办毒品案件101起，抓获贩毒嫌疑人245人，缴获毒品837千克，缴获毒资1000余万元和各类枪支7支。因工作成绩突出，柯占军多次获得个人嘉奖，并在2012年12月被追授"全国公安系统一级英雄模范"称号。柯占军的事迹展现了他在缉毒工作中的英勇和奉献精神，他的牺牲不仅是他个人的损失，也是社会的巨大损失。他的事迹激励着无数人，他是人民警察队伍中的英雄代表。

【读了英雄们的故事，相信你一定有很多话想跟他们说吧，试着写下来吧！】

第五节　全民禁毒，你我共同参与

为广泛深入地开展禁毒教育，提高全民禁毒意识和抵制毒品能力，中宣部、公安部、教育部、民政部、司法部、文化部、国家广电总局、全国总工会、共青团中央、全国妇联、国家禁毒委员会办公室于2005年联合发布《全民禁毒教育实施意见》，明确了全民禁毒教育的指导思想、对象和任务；2008年6月1日，《中华人民共和国禁毒法》施行，提出"禁毒工作实行预防为主，综合治理，禁种、禁制、禁贩、禁吸并举的方针"，并在第二章第十一条明确说明"国家采取各种形式开展全民禁毒宣传教育，普及毒品预防知识，增强公民的禁毒意识，提高公民自觉抵制毒品的能力。国家鼓

励公民、组织开展公益性的禁毒宣传活动"。2018年，国家禁毒委员会发布《关于加强新时代全民禁毒宣传教育工作的指导意见》，巩固和深化学校毒品预防教育工作成效，不断提高广大青少年学生识毒防毒拒毒的意识和能力，切实促进广大青少年学生健康成长。2025年是《全民禁毒教育实施意见》发布20周年，也是禁毒人民战争开展20周年。在禁毒教育20年的发展过程中，全民禁毒理念深入人心，全社会禁毒热情空前高涨。那么，作为中学生，除学习禁毒知识外，我们还可以通过怎样的方式参与其中呢？

【做家庭禁毒小专家】

家庭是社会的细胞，是预防毒品侵害的第一道防线。

家庭教育的力量在于其日常性、亲情性和持久性。通过家庭毒品预防教育，

可以培养家庭成员正确的价值观和健康的生活习惯，使他们在面对毒品诱惑时能够自觉抵制，坚决说"不"。家庭毒品预防教育有助于增强家庭成员的禁毒意识、及时发现并干预家庭成员的涉毒行为，营造良好的家庭氛围，是社会责任的体现。通过家庭毒品预防教育，可以培养出更多有责任感、有担当的公民，为构建和谐社会贡献力量。但随着我们对学校毒品预防教育的重视，家庭毒品预防教育反而没有取得理想的效果，一些家庭成员的禁毒知识和防毒意识可能还不如孩子。因此，中学生可以将在学校学到的禁毒知识反向宣传给家庭成员，增强他们的识毒本领，提高他们的防毒意识和拒毒能力，全家共同营造健康的生活方式和积极向上的家庭氛围。

【给家庭成员上一堂禁毒微课】

在6·26国际禁毒日这天，请你围绕全民禁毒的主题给家庭成员上一堂20分钟的微课。你会怎么设计这次课程呢？让我们来当一次禁毒小老师吧！

总之，作为社会的构成单元，家庭教育在毒品预防教育工作中具有重要的作用。我们应当高度重视家庭毒品预防教育工作，做好家庭中的"禁毒小专家"，让每个家庭都成为抵御毒品侵害的坚强堡垒，共同守护美好家园。

【做学校禁毒宣传员】

青少年是祖国的未来，是预防毒品侵害的重要群体。

近年来，全球范围内青少年毒品滥用的问题仍然严峻。例如，美国的药物滥用危机已经导致每年近10万人因药物过量而失去生命，其中因包括芬太尼在内的阿片类药物过量致死的占绝大多数。根据美国缉毒署2024年发布的报告，芬太尼是美国有史以来面临的最致命的毒品威胁，仅在2023年上半年就有近3.8万名美国人因其死亡。美国疾控中心的统计数据显示，25～45岁的成年人占所有因芬太尼死亡人数的一半以上，35～44岁的人群致死率最高，25～34岁和45～54岁的群体致死率紧随其后。这一系列数字说明美国的毒品问题在青少年中已经非常严重，加之美国的大麻合法化和毒品合法化趋势愈演愈烈，美国的毒品问题将成为一个难以解决的社会顽疾。

尽管各国政府和国际组织在禁毒工作上投入了大量资源和付出了大量努力，但青少年毒品滥用的情况仍然具有以下特点：

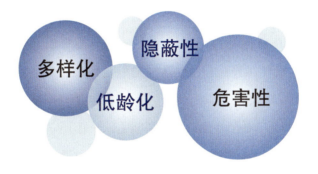

一、多样化

青少年滥用毒品的种类越来越多样化，除了传统的鸦片、海洛因等，新型合成毒品如冰毒、"K粉"、摇头丸，新精神活性物质如芬太尼、合成大麻素以及非列管麻醉药品和精神药品等也在青少年群体中流行。

二、低龄化

毒品滥用者的年龄呈现低龄化趋势，一些青少年在好奇心驱使下，较早接触和尝试毒品。

三、隐蔽性

青少年毒品滥用行为更加隐蔽，通过网络、社交媒体等渠道获取和滥用毒品，使发现和干预更加困难。加之现在的毒品的伪装形式多种多样，毒品在青少年身边潜伏让他们防不胜防。

四、危害性

毒品对青少年的身心健康造成严重危害，影响他们的学习、生活和未来，同时也给家庭和社会带来沉重的负担。

造成青少年毒品滥用的原因之一在于青少年对毒品的认知不足。部分青少年对毒品的危害认识不足，认为依托咪酯、右美沙芬等麻醉药品和精神药品以及"笑气"、打火机气体等具有精神活性的危险化学品不是传统意义上的"毒品"，从而放松警惕。

在我国，政府高度重视青少年毒品滥用问题，采取了一系列措施来遏制这一趋势，包括加强法律法规建设，完善禁毒法律法规，加大对毒品犯罪的打击力度；加强禁毒教育，在学校和社区深入开展禁毒教育，增强青少年的禁毒意识和提高他们的自我保护能力；提早预防干预，对有滥用毒品倾向的青少年进行早期干预，提供心理咨询和帮助；加强家庭、学校和社会之间的合作，共同构建青少年毒品预防体系。

2024年6月是我国第14个全民禁毒宣传月，主题是"防范青少年药物滥用"；6月26日是第37个国际禁毒日。国家禁毒办联合共青团中央指导中国禁毒基金会在全国开展防范青少年涉麻精药品等成瘾性物质滥用短视频征集活动，这些短视频作品中，有震撼人心的案例警示，有温暖感人的故事劝诫，有科学严谨的药理阐释，有创新有趣的科普视角……这不仅仅是艺术的呈现，更是对青少年健康的有力守护，活动取得了良好的社会反响。

【当一次禁毒微视频小导演】

如果邀请你作为导演拍摄一部以"防范青少年药物滥用"为主题的禁毒微视频短片，你会怎么拍呢？请设计一个拍摄脚本，试着写下来吧！

【做青年禁毒志愿者】

发挥青少年的创造力，为构建无毒社会贡献力量。

中国青年志愿者协会成立于1994年12月5日，是共青团中央主管的，由青年志愿者组织和个人自愿结成的，全国性、专业性、非营利性的社会组织，是共青团在实践中培养社会主义事业建设者和接班人的重要组织平台。以青年志愿者活动为载体，开展形式多样的禁毒宣传教育活动，可以充分发挥青年人的创造力。青年志愿者活动通常能够吸引大量的青少年参与，这有助于扩大禁毒宣传的覆盖面，让更多青少年了解毒品的危害，增强社区成员对禁毒工作的参与感和责任感，形成全社会共同抵制毒品的良好氛围。通过志愿活动，青年人可以表达对禁毒政策的支持并提出建议，促进政府和社会对禁毒工作的重视和投入。积极参与禁毒志愿活动有助于培养青

年人的社会责任感和公民意识，使他们成为促进社会和谐与进步的重要力量。那么，青年志愿者可以做哪些事呢？

掌握禁毒知识，参与禁毒宣传教育活动。在每年的禁毒宣传月和6·26国际禁毒日等重要的时间节点，学校、社区、街道办及公安机关禁毒部门都会组织各式各样的禁毒宣传教育活动，同学们可以积极参与其中，展现自己的青春活力。

树立榜样，帮助同学积极面对生活。青少年沾染毒品的原因之一是无法正确面对学习和生活的压力，无法依靠自身力量消解负面情绪。作为这些青少年的同学和朋友，青年志愿者本身的行为和态度对同龄人有着积极的示范作用，他们可以帮助更多青少年养成良好的生活习惯，克服心理压力；或者在同学无法消除自身的消极情绪时鼓励他们主动向老师和父母寻求帮助，从而树立健康的生活态度，积极面对生活，杜绝沾染毒品。

体现人生价值，关注青少年戒毒康复工作。在青少年误入歧途之前，禁毒志愿者可以起到预防的作用。当同龄人开始吸食毒品之后，志愿者还可以做些什么呢？因为同龄人之间往往有着共同的话题，所以失足的同学更愿意听取同龄人给他们的建议。我们可以在老师和家长的共同协作之下，关心、关爱他们，帮助他们回归正轨。

其实，除上述做法外，我们能做的还有很多。参与禁毒志愿活动有助于培养青年人的社会责任感和公民意识，使他们成为促进社会和谐与进步的重要力量。禁毒志愿活动在禁毒宣传教育中的持续开展，能够在青少年心中埋下拒绝毒品的种子，产生长期而深远的影响。总之，青年志愿活动在禁毒宣传教育中起到了桥梁和纽带的作用，不仅能够增强青少年的禁毒意识，还能够促进社会整体的禁毒工作。

【 丰富多样的禁毒志愿活动 】

（1）某少先队员代表在"昂首奋进新征程·谱写无毒新篇章"的国际禁毒日主题宣传活动中，通过书写禁毒书法作品来表达全民禁毒的决心。

（2）某县委组织青年志愿者参与县模拟庭审暨2024年全民禁毒宣传月主题游园展览活动。活动设计了"模拟庭审""争当辨毒小能手"等现场互动游戏，以互动的方式吸引市民积极参与。

（3）在全民禁毒宣传月来临之际，某区举办禁毒志愿跑活动，青年志愿者在活动现场开展志愿服务。

如果你是一名志愿者，你所在的社区要开展一次禁毒教育活动，社区工作人员邀请你为他们设计一张活动海报，你会有什么样的创意呢？请试着画下来吧！